全国高等学校计算机教育研究会"十四五"规划教材

全国高等学校
计算机教育研究会
"十四五"
系列教材

丛书主编 郑 莉

文献检索与科技写作实践教程

黄 月／编著

清华大学出版社
北京

内 容 简 介

　　学术论文写作是学生完成学业和进行科学研究工作的重要环节,撰写学术论文需要遵循一定的规律和掌握必要的写作方法与规范。本教材通过讲授科技论文的构成、获取、规范等相关内容,培养学生利用专业文献数据库和专业文献管理软件进行科技论文写作的能力。具体包括:学术论文写作绪论、如何查找资料、如何确定研究选题、如何管理文献、如何撰写文献综述、科技论文基本研究方法、撰写科技论文的写作技巧和规范、文字处理软件在论文写作中的使用。本教材通过理论与实践结合讲授的方式,使学生对科技论文的构成有清晰的认识,掌握学术论文写作的基本方法,树立正确的学生论文写作观,为毕业论文写作和公开发表论文打下基础。本书特色在于,易上手,实践指导性强,通过普适性的论文写作流程,一步步引导学生入门,适用于大学本科低年级计算机所有专业及相近工科专业学生。

图书在版编目(CIP)数据

　　文献检索与科技写作实践教程/黄月编著. -- 北京:清华大学出版社,2025.2. --(全国高等学校计算机教育研究会"十四五"系列教材). -- ISBN 978-7-302-68259-2

　　Ⅰ. G254.97;G301

　　中国国家版本馆 CIP 数据核字第 2025RS2957 号

责任编辑:谢　琛　郭　赛
封面设计:傅瑞学
责任校对:刘惠林
责任印制:曹婉颖

出版发行:清华大学出版社
　　　网　　　址:https://www.tup.com.cn,https://www.wqxuetang.com
　　　地　　　址:北京清华大学学研大厦 A 座　　　　　邮　　编:100084
　　　社 总 机:010-83470000　　　　　　　　　　　邮　　购:010-62786544
　　　投稿与读者服务:010-62776969,c-service@tup.tsinghua.edu.cn
　　　质量反馈:010-62772015,zhiliang@tup.tsinghua.edu.cn
　　　课件下载:https://www.tup.com.cn,010-83470236
印 装 者:三河市铭诚印务有限公司
经　　销:全国新华书店
开　　本:185mm×260mm　　　　印　　张:8.75　　　　字　　数:204 千字
版　　次:2025 年 3 月第 1 版　　　　印　　次:2025 年 3 月第 1 次印刷
定　　价:36.00 元

产品编号:097091-01

FOREWORD

前言

信息化、数字化、智能化等技术层出不穷,推动科学技术不断向前发展,各个学科不断进行融合,学科交叉和学术交流进入又一个旺盛发展时期。学术交流离不开学术论文,撰写学术论文是进行学术交流的一条重要途径。

面对大学低年级的同学,培养其学术论文写作能力,使其在大学生涯早期树立科学的学术论文写作观,是本书的一个重要目标。

本书按照学术论文的基本撰写顺序进行介绍,主要内容包括:学术论文写作绪论、如何查找资料、如何确定研究选题、如何管理文献、如何撰写文献综述、科技论文基本研究方法、撰写科技论文的写作技巧和规范、文字处理软件在论文写作中的应用。在每章的开始给出明确的学习目标,然后开始讲解,最后给出本章扩展阅读、小结和练习题。

本书采用简洁明快的语言,从学术论文的内涵、基本结构入手,抽丝剥茧,逐步揭开撰写学术论文的神秘面纱。

本书是全国高等学校计算机教育研究会 2022 年教育研究项目(课题编号:CERACU2022P02)成果。本书出版受到北京语言大学教材出版基金资助。

本书配有的电子教学演示文稿、实际操作部分的练习素材及参考答案,均可扫描下方二维码获取。

由于作者水平有限,书中难免有疏漏及不妥之处,敬请各位读者批评指正!

黄月

2024 年 7 月

《文献检索与科技写作
实践教程》配套资料.rar

CONTENTS

目录

第1章 学术论文写作绪论 ……………………………… 1

1.1 学习目标 …………………………………………… 1

1.2 学术论文的内涵和基本特征 ……………………… 1

    1.2.1 学术论文的内涵 ……………………………… 1

    1.2.2 学术论文的基本特征 ………………………… 2

1.3 为什么要写学术论文 ……………………………… 5

1.4 学术论文的基本类型 ……………………………… 6

1.5 学术论文的基本结构 ……………………………… 9

1.6 扩展阅读 …………………………………………… 10

1.7 小结 ………………………………………………… 11

1.8 练习题 ……………………………………………… 11

第2章 如何查找资料 …………………………………… 12

2.1 学习目标 …………………………………………… 12

2.2 信息检索概述 ……………………………………… 12

    2.2.1 信息检索的含义 ……………………………… 13

    2.2.2 信息检索的类型 ……………………………… 13

    2.2.3 文献的类型 …………………………………… 13

    2.2.4 信息检索的基本原理 ………………………… 17

    2.2.5 信息检索语言 ………………………………… 17

2.3 信息检索的基本方法 ……………………………… 19

    2.3.1 直接法 ………………………………………… 19

    2.3.2 追溯法 ………………………………………… 20

    2.3.3 分段法 ………………………………………… 20

2.4 信息检索常用的检索技术 ………………………… 21

    2.4.1 布尔逻辑检索 ………………………………… 21

    2.4.2 精确检索和模糊检索 ………………………… 22

    2.4.3 字段限制检索 ………………………………… 22

    2.4.4 截词检索 ……………………………………… 23

2.5　信息检索示例 …………………………………………………… 24

2.5.1　CNKI 数据库介绍 ……………………………………… 24

2.5.2　CNKI 文献检索功能 …………………………………… 26

2.6　扩展阅读 ………………………………………………………… 31

2.7　小结 ……………………………………………………………… 33

2.8　练习题 …………………………………………………………… 33

第3章　如何确定研究选题 ……………………………………………… 34

3.1　学习目标 ………………………………………………………… 34

3.2　确定研究方向 …………………………………………………… 35

3.3　选择研究课题 …………………………………………………… 37

3.3.1　获取备选选题 …………………………………………… 37

3.3.2　分析前人的研究成果 …………………………………… 38

3.3.3　衡量研究选题是否具备可行性 ………………………… 38

3.4　确定论文题目 …………………………………………………… 39

3.5　拟定论文提纲 …………………………………………………… 41

3.5.1　拟定论文提纲的原则 …………………………………… 41

3.5.2　论文提纲的结构 ………………………………………… 42

3.5.3　论文提纲的写法 ………………………………………… 42

3.5.4　论文提纲的举例与分析 ………………………………… 42

3.6　扩展阅读 ………………………………………………………… 44

3.7　小结 ……………………………………………………………… 44

3.8　练习题 …………………………………………………………… 44

第4章　如何管理文献 …………………………………………………… 45

4.1　学习目标 ………………………………………………………… 45

4.2　为什么要管理文献 ……………………………………………… 45

4.3　NoteExpress 的安装 …………………………………………… 46

4.4　NoteExpress 基本功能 ………………………………………… 47

4.4.1　检索文献 ………………………………………………… 47

4.4.2　标记文献 ………………………………………………… 51

4.4.3　分类文献 ………………………………………………… 55

4.4.4　应用文献 ………………………………………………… 56

4.5　扩展阅读 ………………………………………………………… 61

4.6　小结 ……………………………………………………………… 62

4.7　练习题 …………………………………………………………… 62

第 5 章　如何撰写文献综述 ··· 63

　5.1　学习目标 ··· 63

　5.2　文献综述的含义及分类 ··· 63

　　　5.2.1　文献综述的含义 ··· 63

　　　5.2.2　文献综述的分类 ··· 63

　5.3　撰写文献综述的目的和意义 ··· 65

　5.4　撰写文献综述的原则 ·· 66

　5.5　撰写文献综述的方法与特征 ··· 66

　　　5.5.1　撰写文献综述的方法 ·· 66

　　　5.5.2　撰写文献综述的特征 ·· 68

　5.6　撰写文献综述易出现的问题 ··· 68

　5.7　扩展阅读 ··· 69

　5.8　小结 ·· 70

　5.9　练习题 ··· 70

第 6 章　科技论文基本研究方法 ··· 71

　6.1　学习目标 ··· 71

　6.2　实证研究概述 ··· 71

　　　6.2.1　实证研究的含义及基本步骤 ·· 71

　　　6.2.2　实证研究方法的分类 ·· 72

　　　6.2.3　实证研究分析的基本概念 ··· 72

　6.3　实验研究法 ··· 74

　　　6.3.1　实验研究的概念 ··· 74

　　　6.3.2　实验的程序 ·· 74

　　　6.3.3　实验处理 ·· 75

　　　6.3.4　实验变异 ·· 75

　　　6.3.5　实验设计 ·· 76

　　　6.3.6　实验对象的选择和分组 ··· 76

　6.4　统计调查研究法 ··· 77

　　　6.4.1　统计调查研究的含义 ·· 77

　　　6.4.2　问卷调查法概述 ··· 77

　　　6.4.3　问卷调查法的优点 ·· 78

　　　6.4.4　问卷调查法的缺点 ·· 78

　　　6.4.5　问卷调查法的流程 ·· 78

　6.5　相关问题的讨论 ··· 79

　　　6.5.1　研究型论文的基本结构和层次 ·· 79

　　　6.5.2　研究方法的选择 ··· 81

6.6 扩展阅读 …………………………………………………………… 81

6.7 小结 ………………………………………………………………… 82

6.8 练习题 ……………………………………………………………… 82

第7章 撰写科技论文的写作技巧和规范 ……………………………… 83

7.1 学习目标 …………………………………………………………… 83

7.2 如何撰写引言 ……………………………………………………… 83

　　7.2.1 引言的含义 ……………………………………………… 83

　　7.2.2 引言的作用 ……………………………………………… 83

　　7.2.3 引言的内容及写法 ……………………………………… 84

7.3 如何引用参考文献 ………………………………………………… 86

　　7.3.1 参考文献的含义、种类和作用 ………………………… 86

　　7.3.2 参考文献引用的原则 …………………………………… 87

　　7.3.3 参考文献引用的方法 …………………………………… 87

　　7.3.4 引用参考文献易犯的错误 ……………………………… 89

7.4 如何撰写结论 ……………………………………………………… 91

　　7.4.1 结论的含义 ……………………………………………… 91

　　7.4.2 结论的内容 ……………………………………………… 91

　　7.4.3 撰写结论的注意事项 …………………………………… 92

7.5 如何撰写标题 ……………………………………………………… 93

　　7.5.1 标题的作用 ……………………………………………… 93

　　7.5.2 标题的写作注意事项 …………………………………… 94

　　7.5.3 英文标题的写作注意事项 ……………………………… 94

　　7.5.4 首页脚注 ………………………………………………… 95

7.6 如何撰写作者及单位 ……………………………………………… 96

　　7.6.1 作者的署名 ……………………………………………… 96

　　7.6.2 署名的意义 ……………………………………………… 96

　　7.6.3 署名的原则和要求 ……………………………………… 96

　　7.6.4 署名的写作 ……………………………………………… 96

　　7.6.5 作者简介 ………………………………………………… 97

　　7.6.6 英文的作者署名 ………………………………………… 98

　　7.6.7 英文的单位写法 ………………………………………… 98

7.7 如何撰写摘要 ……………………………………………………… 99

　　7.7.1 摘要的含义 ……………………………………………… 99

　　7.7.2 摘要的作用 ……………………………………………… 99

　　7.7.3 摘要的分类 ……………………………………………… 100

　　7.7.4 摘要的内容 ……………………………………………… 100

　　7.7.5 摘要的写作注意事项 …………………………………… 101

7.7.6 英文摘要的写作注意事项 ………………………… 102

7.8 如何撰写关键词 ………………………………………… 103

    7.8.1 关键词的含义与作用 ………………………… 103

    7.8.2 关键词的写作 ………………………………… 103

    7.8.3 英文关键词的写作 …………………………… 103

7.9 如何确定分类号和文献标识码 ………………………… 104

    7.9.1 分类号 ………………………………………… 104

    7.9.2 文献标识码 …………………………………… 105

7.10 如何撰写致谢和附录 …………………………………… 105

    7.10.1 致谢 …………………………………………… 105

    7.10.2 附录 …………………………………………… 105

7.11 扩展阅读 ………………………………………………… 106

7.12 小结 ……………………………………………………… 107

7.13 练习题 …………………………………………………… 107

第 8 章 文字处理软件在论文写作中的应用 …………………… 108

8.1 学习目标 ………………………………………………… 108

8.2 样式和多级列表的使用 ………………………………… 108

    8.2.1 样式 …………………………………………… 108

    8.2.2 多级列表 ……………………………………… 110

8.3 图和表的使用 …………………………………………… 114

8.4 参考文献的标号维护 …………………………………… 118

8.5 双栏排版的常见设置 …………………………………… 120

8.6 毕业论文排版的常见设置 ……………………………… 123

8.7 扩展阅读 ………………………………………………… 124

8.8 小结 ……………………………………………………… 126

8.9 练习题 …………………………………………………… 126

参考文献 ………………………………………………………… 127

附录 A 北京语言大学本科生毕业论文开题报告 ……………… 128

附录 B 北京语言大学本科生毕业论文开题报告记录表 ……… 129

第 1 章

学术论文写作绪论

从本章开始就要开启正式的学术论文写作之旅了,因此有必要对学术论文的内涵和基本特征、撰写学术论文的必要性、学术论文的基本结构和基本类型有个清晰的认识。

◆ 1.1 学 习 目 标

1. 理解学术论文的内涵和基本特征
(1) 学术性(尤其理解"科学性");
(2) 创新性;
(3) 理论性;
(4) 规范性(这是本书的训练重点)。
2. 理解学术论文的重要作用
3. 了解学术论文的基本类型
4. 了解本书的学习目标
5. 掌握学术论文的基本结构

◆ 1.2 学术论文的内涵和基本特征

1.2.1 学术论文的内涵

首先,明确一下学术论文的内涵。目前,学术界普遍认可的是中华人民共和国国家标准局发布的标准《科学技术报告、学位论文和学术论文的编写格式》(GB/T 7713—1987)[1]中对于学术论文的定义:学术论文是某一学术课题在实验性、理论性或观测性上具有新的研究成果或创新见解和知识的科学记录;或是某种已知原理应用于实际取得新进展的科学总结,用以提供学术会议上宣读、交流或讨论;或学术刊物上发表;或作其他用途的书面文件。

李正元在其《学术论文写作概论》[2]一书中进一步指出,"学术论文"这四个字,每一个字都有其深刻的内涵。这里的"学",主要指学问,"学问"是指正确反映客观事物的系统知识,可以引申为理论问题;这里的"术",是指技术和方法,可以引申为应用问题;这里的"论",是指分析和说明事理,可以引申为研究与探索问题;这里的"文",是指文章,可以引申为具有特定范式的文章。由此,给出学术论文的定义:是指学者在研究和探讨人文科学、社会科学和自然科学某一学科对象的过程中,在理论或方法上有独到见解,按照特定范式撰写并公开发表在学术刊物上的文章。

1.2.2 学术论文的基本特征

学术论文具有学术性、创新性、理论性和规范性四个基本特征。[2]

1. 学术性

学术性,是指学术论文研究的是某一学科较为专门、系统的学问。具有一定的学术价值和较高的理论水平,是对一篇学术论文最基本的要求,也是学术论文必须具备的最基本特性。学术性是学术论文写作的逻辑起点。学术论文不同于作文,要从选题、内容、语言等多角度体现出学术性。学术论文的撰写,应该是经历了学术研究和深入思考后的总结,不能为了写论文而写论文。

科学,是关于自然、社会和思维的知识体系。科学研究的任务是揭示事物发展的规律、探求客观真理,成为人们认识世界、改造世界的指南。科学性是学术性的基本特质或要求。一篇学术论文的科学性主要体现在以下几方面:首先,分析问题要实事求是,真实反映客观规律;其次,进行分析论证时引用的资料要全面、准确、可靠;最后,学术论文得出的结论不要出现知识性错误,要能反映客观事物的本质规律,或者新提出的观点、学说能做到自圆其说、具有逻辑性。

2. 创新性

创新性,是指学术论文在理论、观点、方法、材料、视角和选题等方面较前人有新的突破,形成独到见解。对于一篇学术论文而言,只有具备了创新性才谈得上是一篇具有贡献的学术论文,没有创新性的论文并不是真正意义上的学术论文。创新性是学术论文之魂,是衡量一篇学术论文学术水平高低的最重要和最主要的依据,是决定学者学术地位的重要标志。

那么,创新性该如何做到呢?科学来不得半点儿虚假,写论文不能据别人的研究成果为己有。而要创新,就要有自己的潜心研究,独辟蹊径,研究别人没有研究过的东西,或是深化前人的研究;或是对今人已研究的结论提出质疑,提出新的看法和认识,这样写出来的学术论文才会有真知灼见,即有新意,论文才会在评审时顺利通过,被报刊发表出来。[3]可以从以下六方面进行创新视角的寻找,包括新理论、新观点、新方法、新材料、新视角、新领域。例如,针对某一问题如果能够提出一个新的理论,显然是具有创新性的;如果上升不到理论层次,能够提出分析问题的新观点或者采用新方法解决已有问题,也是具有创新性的;或者如果能够针对已有问题提供新的分析论证材料、提出看待已有问题的新视角或者将已有方法应用于新领域,这些角度也都是具有创新性的。创新性不一定是要颠覆性的,只要能够有一点前人没有做过、又具有意义的研究,就都是有意义的学术探索。

以《基于高维稀疏聚类的知识结构识别研究》这篇论文[4](图1-1)为例,这篇论文由一篇信息管理与信息系统专业本科生的毕业论文凝练而成,并最终发表在图情领域CSSCI收录的期刊《现代情报》上。这篇论文研究属于信息计量学领域,针对传统知识结构识别存在的"二步式"问题,提出直接基于"文献—关键词"矩阵进行高维稀疏聚类来识别知识结构。研究基于文献题录的知识结构识别，是信息计量学领域的一个基本任务，即这篇论文是针对一个"老问题"进行研究，但是它采用了一种新的方法——"高维稀疏聚类"，因此也是符合对于学术论文的创新性要求。后续的示例中，将进一步剖析这篇论文。

2019 年 12 月
第 39 卷第 12 期

现 代 情 报
Journal of Modern Information

Dec.，2019
Vol. 39　No. 12

·情报理论与前瞻观点·

基于高维稀疏聚类的知识结构识别研究

黄 月　王 鑫

（北京语言大学信息科学学院，北京 100083）

摘　要：[目的/意义] 基于文献对某一领域的知识结构进行识别是文献计量分析的一个重要任务，可以揭示该领域的研究特征。[方法/过程] 传统知识结构识别是二步式的，即首先基于某种分析思想构建同种元素间的关联程度矩阵，然后再对该矩阵进行结构识别。本研究构建一个直接基于"文献—关键词"矩阵进行高维稀疏聚类来识别知识结构的方法，然后以 2009 — 2018 年国内数据挖掘领域期刊论文为例，与传统基于关键词共现进行知识结构识别方法进行了对比分析。[结果/结论] 实验结果表明，基于高维稀疏聚类探测知识结构是有效的，并且该方法可以获得差异度较大的子类，结果解读可以获取更多信息。

关键词：知识结构；识别；高维稀疏；聚类；共词分析；数据挖掘

DOI：10.3969/j.issn.1008-0821.2019.12.009

〔中图分类号〕G201　〔文献标识码〕A　〔文章编号〕1008-0821（2019）12-0072-09

图 1-1　《基于高维稀疏聚类的知识结构识别研究》一文的概览信息

很显然，学术论文的创新性具有不同的创新层次和水平，可以分为以下三个层面。首先，具有原创性的创新，这类研究的数量较少，只有能够填补某一学科领域的空白或是原始理论上的创新，才能称得上是原创性的创新。其次，具有发展性的创新，这类研究能够针对前人的理论、思想进行新的解释说明，或者能够针对前人观点的不足之处进行补充、修正，或者能够在对前人研究成果进行综述的基础上提出自己的见解。最后，具有验证性的创新，这类研究通过运用已有基本理论或基本方法来说明一种现象，很多实证性文章都属于这一类。

如何评判一篇学术论文是否具有创新性，在学位论文送审时，评审专家经常从以下五点表现入手。是否提出一个全新的课题、开拓一个崭新的领域？是否否定或纠正前人的某一成说，提出新理论、新观点？是否完善补充前人的理论、观点？是否发现、提供新的资料？或者理论并无新推进，但针对现实生活中某些新问题，显示出解决实际问题的威力？

创新性是学术论文的基本前提。学术论文的创新点源自作者对问题的深入研究而产生的独到见解，因此要求研究者要对所研究领域、研究方向有充分的了解，对研究问题的来龙去脉要有清楚的认识，对已有研究的优缺点有清晰的判断，即要"做功课"。例如，如果研究者对于人工智能领域十分感兴趣，那么应当对人工智能的含义、基础理论、各个阶段及代表性算法等有充分的了解和代码实践。虽然进行学术研究需要做大量功课、提出的创新层次也不一定很高，但一定不能做将别人的创新成果据为己有的抄袭和剽窃动作，必须树立正确的学术论文写作观。要相信"一分耕耘一分收获"，只要努力去研究，一定可以在前人的肩膀上迈出属于自己的一小步！

总而言之,创新性是区别学术论文与非学术论文的分水岭。

【小问题】
　　用你自己的话概括一下学术论文的"创新性"的含义。

3. 理论性

理论性,是指学术论文在文风上具有一定的理论色彩,在文体上具有科学的理论体系,在结论上具有较高的理论价值。学术论文具有理论性,是其区别调查报告、工作总结、工作报告等文体的重要标志。没有理论性的文章不能称其为学术论文。

学术论文理论性的本质是论理,即要围绕论点,运用归纳、演绎、分析和综合等逻辑思维手段,以"论据"来论证"论点",建立起科学的理论体系,得出合乎逻辑的正确结论,提出切实可行的解决问题的办法。此外,学术论文要能够实现从现象到本质、从感性到理性的转变,不能停留于事实、现象的罗列,而要探究事物的本质及规律。

要做到学术论文具有理论性,首先要能够辨别理论性的真伪。学术论文中论点的提出应该从调查研究入手,而不是想当然确定论点。如果论点错了,就没有理论性可谈。如果论点正确,但缺乏研究深度,比如论据不确凿、不典型、不充分,或者论据为主观臆造,也称不上具有理论性。如果论点正确,论据也充分,但是对大量的事实材料没有总结、归纳并进行理论升华,同样不具有理论性。

要做到学术论文具有理论性,并不是空谈理论,要注意与现实结合。理论研究的目的不仅是发展理论,更重要的是用以指导实践,要做到理论与实践的统一,并具有一定的现实意义。

体现学术论文的理论性,要求作者在撰写论文前,一定要对涉及的问题有比较深入的研究,要关注学科前沿和社会热点问题,对既有的事实材料进行去伪存真、去粗取精的加工处理,才能写出论点正确、论据充分、言之有理、论之有据、重在说理、顺理成章的具有较高理论水平的学术论文。

【小问题】
　　用你自己的话概括一下学术论文的"理论性"的含义。

4. 规范性

规范性,是指学术论文在文体结构和写作范式方面表现出来的有别于其他文体的个性化特征。

学术论文的规范性,是从直观和论文的形式特征上,来区分学术论文与非学术论文。例如,学术论文具有学术性而不仅仅是知识性,与教材讲义有明显区别;学术论文具有创新性而不是简单重复性,与工作总结有明显区别;学术论文具有理智性而非感想性,与学习体会有明显区别;学术论文具有规范性而非随意性,与抒情散文有明显区别。读者可以在接下来的学习中,逐步体会学术论文的写作,与日常接触到的教材讲义、学习体会、工作总结、商务策划、宣传报道、领导报告、时政评论、抒情散文等文体的差异。做到学术论文的规范性,能够从规范角度做到学术论文的神形兼备。

对于初学者而言,要做到学术论文的学术性、创新性、理论性,并不容易。因此,相较于前三点学术论文的基本特征,规范性是本书的训练重点。

◆ 1.3 为什么要写学术论文

撰写学术论文的原因有很多,包括个人对于科学研究真理的追求或者是完成学业的要求。对于撰写学术论文的原因,应该有一个正确的认识。[2]

1. 撰写学术论文是从事科学研究的需要

科学研究是撰写学术论文的基础和前提,撰写学术论文为从事科学研究提供了动力和平台。撰写学术论文的过程实质上是一次系统地进行科学研究的实践过程,需要经历确定选题、收集资料、加工整理、成文这一基本过程,撰写学术论文也是一名学者进行知识积累和从事科学研究的重要环节。

2. 学术论文是评价学者学术水平的依据之一

学者的学术成果体现在学术论文、学术著作、研究课题等各方面,学术论文是评价学者学术水平的依据之一。学术论文的学术质量可以从期刊水平、发表数量、产生影响(被引量)等角度进行衡量。

【动手查一查】

请查找你所在或感兴趣学科的代表性期刊、代表性人物。

建议:

- 善于利用图书馆提供的资源(如北京语言大学图书馆网站,lib.blcu.edu.cn)
- 中文期刊(如中国知网,www.cnki.net)
- 从下载量、被引量等角度先有个直观的认识

---

3. 学术论文是进行学术交流的载体

学术论文是同行学者间相互学习、相互借鉴(务必注意参考文献的正确引用)的重要途径。首先,研究者通过学术论文来向他人展示自己的研究成果,表明自己对某一学术问题的基本观点和基本结论。其次,研究者们通过众多文献,能够了解本学科的研究现状和发展趋势。再次,学术论文是进行学术交流的重要途径,研究者们带着自己被收录的论文参加学术会议进行直接学术交流,或者通过阅读各种传媒上的学术论文进行间接交流,都是对学术交流的促进。最后,撰写学术论文不但能够达到学术交流的目的,更重要的是通过知识的输入和输出,进一步提升自己的学术水平。

4. 学术论文是传承文明与发展文明的重要手段

人类文明通过知识来传承。以文字为载体,才能将人类创造的文明记载下来、传承下去。在一篇学术论文中,有一个不可或缺的部分——"参考文献",它是评价一篇学术论文的研究起点,能够追寻作者对这个问题的研究路径。

【动手查一查】

从中国知网(CNKI)(www.cnki.net)上检索这篇论文《基于高维稀疏聚类的知识结构识别研究》,并查看其参考文献部分。

5. 学术论文是学者自身发展的必然要求

非学者向学者转变的过程,实质是由知识积累向知识创新逐渐转化的过程。通过研读别人的研究成果完成知识积累,通过对别人创造的知识进行重组与升华完成知识创新。进行研究时,学者不能"只看不干",必须撰写并公开发布学术论文来证实和检验自己学问达到了什么程度。在做学问过程中,关注和把握当前学科发展方向与社会关注的热点和难点问题,融入研究的主流和前沿。

对于学生而言,毕业论文考查学生综合运用各科知识、分析解决问题的能力,是申请学位的必要条件。例如,《中华人民共和国学位条例暂行实施办法》中指出,申请硕士学位人员应当在学位授予单位规定的期限内,向学位授予单位提交申请书和申请硕士学位的学术论文等材料。硕士学位论文对所研究的课题应当有新的见解,表明作者具有从事科学研究工作或独立担负专门技术工作的能力。

【小问题】

学完上述内容,你有没有想要发表一篇带有自己署名的学术论文的冲动呢?谈一谈你对自己的期待。

◈ 1.4 学术论文的基本类型

学术论文有多种类型。

从学科专业来看,学术论文分为哲学论文、史学论文、文学论文、经济学论文、教育学论文、心理学论文、法学论文、语言学论文、社会学论文、医学论文、理学论文、工学论文等类型。经常提到的科技论文对应的就是医学论文、理学论文和工学论文。例如,计算机科学与技术专业要求撰写的学术论文就是工学类的学术论文。

从用途来看,学术论文分为学位论文、期刊论文、学年论文、学术研究报告等类型。其中,学位论文和期刊论文是学生最常接触的两种类型。提交学位论文是获取各级学位必备的一个环节,通常来讲,本科生学位论文以 4 学分记且字数要求 10 000 字以上,硕士研究生学位论文字数要求 30 000 字以上,博士研究生学位论文要求 100 000 字左右。期刊论文是发表于学术期刊上的学术论文,文字体量一般要求不低于 4000 字、不超过 12 000 字。

从研究方法来看,学术论文分为理论型论文、实验型论文、设计型论文。例如,对于计算机科学与技术专业而言,经常是针对某一问题,利用数据进行实验,属于实验型论文。

从论点展开或论证方法来看,学术论文分为论证型论文、实证型论文、综述型论文、评述型论文。下面对这四种类型依次进行介绍。

1. 论证型论文

论证型论文指通过与论题密切相关的论据来证实论题的真实性,或揭示一个规律,得出一种科学结论,按照特定范式撰写并公开发表在学术刊物上的文章。它是应用最多的一种文体,适用于英语、汉语言文学、汉语国际教育等专业。论证型论文的基本特征是:用来论证论题的论据往往不止一个,而是多个;每一个论据与论题都密切相关,但又不相互重叠;论据具有相对性,对于论题而言它是论据,但对于其下位论据而言它又是论点;论文的开头和结尾一般相互呼应。

以《教育分权内涵再探》这篇文章[5]为例,它就是一篇论证型论文。首先,文章开头根据分权的含义和教育分权的实践,指出教育分权包括以下几方面因素:分什么权力(what)? 分谁的权力(from whom)? 谁(who)来分权力? 把权力分给谁(to whom)? 总结出要从教育分权的客体、授权主体和受权主体三方面进行分析。开头这部分仅用了400 多字就介绍清楚了上述问题,并且为下文作了很好的铺垫。接着,从教育分权的客体、授权主体和受权主体三方面对教育分权的内涵进行了阐释与分析,每一方面用一节分别进行论述。最后,对教育分权的内涵进行了界定:教育分权是政治领域的分权在教育领域的体现,它是教育规划者为了应对自身合法性危机的困境和外部环境的压力,将过于集中的公共教育权力在不同权力主体——中央政府、地方政府、市场和学校之间的分化、转移与重组,形成政府依法问责、市场有限进入和学校自我管理的新范式的过程。

2. 实证型论文

实证型论文是指通过论证的方法对假设进行求证,得出肯定或否定的结论,按照特定范式撰写并公开发表在学术刊物上的文章。它适用于会计学、金融学、人力资源管理、信息管理与信息系统等专业。实证型论文的基本特征是:首先抛出一个或多个假设,再围绕假设进行指标设计,包括样本选取、模型确定等,然后运用模型对假设进行求证,最后根据求证结果对假设得出肯定或否定的结论。

以《智力资本与企业可持续成长关系的实证分析——基于中国信息技术业上市公司的证据》这篇文章[6]为例,它就是一篇实证型论文。文章开篇以不到 300 字篇幅介绍研究现状、目的和意义,然后在研究的第一部分围绕"智力资本"和"企业可持续成长"这两个关键词进行了综述,接着在总结前人研究成果的基础上,从"智力资本""物质资本效率""人力资本效率"和"结构资本效率"四方面对"企业可持续成长"提出了四点假设。紧接着,在研究的第二部分对假设进行了求证,包括四方面:样本选取、指标确定、模型假设和统计结果。在研究的最后,根据求证结果得出具体结论。

3. 综述型论文

综述型论文是指作者按照一定的研究目的,对某次学术会议研讨的主题或若干专门问题进行综合归纳;或对公开发表的学术论文就某一专门问题进行综合归纳,按照特定范式撰写并公开发表在学术刊物上的文章。它适用于所有专业,因为所有专业都需要站在前人的肩膀上开展后续研究。综述型论文的基本特征是:首先,文体表现形式重点在"综述"二字上。"综",指综合,对已有研究成果进行归纳整理;"述",指叙述,即要忠于被述论文作者的"原意",不能按照自己的意图随意更改。其次,综述型论文的层次段落经常表现为按问题分类。同一类的问题只能放在同一层次段落中,不能交叉重叠。最后,综述型论文要以综述为主,适量进行评论。

以《必要的张力:在科学与人文之间——"后现代科学观与科学大战"学术研讨会综述》这篇文章[7]为例,它就是一篇关于学术会议的综述型论文。文章开头用300多字介绍会议召开的前因后果,论文的主题是"后现代科学观与科学大战",从中选取了三个学术问题,包括"两种文化与科学大战""后现代科学观与SSK(科学知识社会学)"和"必要的张力:在科学与人文之间",对会议研讨的内容进行了综合归纳,思路清楚,抓住了问题的关键所在。

再以《聚类算法研究》这篇文章[8]为例,它是一篇关于"聚类算法"这一专业性问题的综述型论文。文章开头用400多字介绍聚类分析的应用场景、重要意义、论文结构,然后分为两个主要章节展开综述,一方面从算法思想、关键技术和优缺点等方面对近年提出的较有代表性的聚类算法进行了分析介绍,另一方面又选用多个知名数据集对一些典型算法进行了测试,而后综合这两方面信息得出一些相应的结论。

可见,撰写综述型论文,对作者把握问题的能力和对材料的取舍能力要求很高。针对同一问题的论文,不同的作者,思路、方法、切入点、论点、论据等不可能完全相同。而且受限于多方面原因,综述型论文不可能面面俱到,只能抓住其中最主要的思路、观点和方法,把它们以最优方式集成在一起,但一定不是简单地拼凑。虽然不建议初学者尝试公开发表综述型论文,但是一定要勤写文献综述,通过不断地阅读已有论文和进行学术论文写作实践,来提升自己发现问题、凝练问题、表达问题的能力。

4. 评述型论文

评述型论文指作者按照一定的研究目的,对某次学术会议、某本著作、某个学术问题研究现状等进行总结归纳并发表评论意见,按照特定范式撰写并公开发表在学术刊物上的文章。评述型论文的基本特征是:文体表现形式重点在"述评"上,其中"述",指叙述,即要忠于"原意";论文的层次段落表现在按问题分类,内容不能交叉重叠;论文的结构可以是先"述"后"评",也可以是边"述"边"评"。既有"述"又有"评",是与综述型学术论文的根本区别,而且"评"一定要有针对性。

以《关于科学发展观的科学性问题研究述评》这篇文章[9]为例,它就是一篇评述型论文。首先,作者对当前学术界对科学发展观的科学性研究的观点进行了系统总结和归纳,从五方面进行了综述:"合规律性"说,"客观基础"说,"科学内涵"说,"科学精神、科学价值"说,"多维度、综合性"说。这五方面基本涵盖了对这个问题的研究现状,二级标题言简意赅,非常到位。最后,论文有针对性地提出了推动科学发展观的科学性问题研究进一步走向深入的四点思考。

【动手查一查】

从中国知网（CNKI）（www.cnki.net）上动手检索本节中出现的这些文章，体会一下不同类型论文的写作方法的异同，并分析学术论文是否具有特定的结构。

【本书目标】

为方便表述，本书将论文笼统地分为研究型论文和综述型论文。针对某一具体问题展开研究、得出结论而撰写的学术论文就称为研究型论文。例如，《基于高维稀疏聚类的知识结构识别研究》[4]。为完成这样一篇研究型论文，需要找准问题和方法后写代码、跑数据集、得到分析结果。本书针对的读者人群是工科领域的本科生，专业基础课尚未学习完成，可能无法独立完成一篇研究型论文，因此本书目标是训练本科生独立完成撰写文献综述的能力，即针对某一专门问题，能够按照自己的理解进行综合归纳、整理完成一篇综述型论文。例如，《高维数据聚类方法综述》[10]。

◇ 1.5 学术论文的基本结构

前面提到，学术论文在文体结构和写作范式方面具有区别于其他文体的特征。学术论文具有特定的基本结构，并且各部分内容都要与这篇论文的研究主题紧密相关。按照自上而下的顺序，学术论文的基本结构包括以下几部分。

1. 题目（Title）。题目是一篇学术论文的名字，通常不超过 25 个字，必须用精练、明确的语言直接描述这篇论文的研究主题。

2. 作者（Author）。题目之下，需要列出参与这篇文章撰写的所有作者，包括其单位及联系方式。

3. 摘要（Abstract）。摘要本质上是一篇高度浓缩的论文，包含了研究意义、研究方法、直接支持研究主题的研究主要结果、结论等关键信息。

4. 关键词（Keywords）。论文的关键词在摘要之后，必须以 3～8 个词语来表述论文的研究内容，因此关键词必须从研究主题中遴选得到。

5. 引言（Introduction）。通常引言中会包含文献综述。引言要能够综述研究现状，并分析清楚现有研究存在的问题，从而为提出论文的研究主题做支持。

6. 研究方法。通常论文中有一个不固定章节叫研究方法。研究方法因题而异，以完成研究主题所涉及研究内容为目的进行选择，从而完成章节的安排。

7. 结果及分析。通常论文中有一个不固定章节叫结果及分析。研究方法之后，要能够给出直接支持研究主题的实验结果,并进行客观分析。

8. 结论(Conclusion)。论文正文部分的收尾章节叫结论,它对前面的研究结果中的精髓部分进行重申和凝练,并且需要明确阐明研究结果的意义,有时也可以说明围绕研究主题进一步需要开展的工作。

9. 致谢(Acknowledgment)。这一部分不是必须项,如果需要,可以对支持文章研究的基金或者对文章成文有帮助的人(如感谢匿名专家的审稿意见)进行致谢。

10. 参考文献(References)。一篇学术论文应列出所参考的已有文献目录,参考文献能够体现该论文研究主题的研究渊源或基础。

除上述基本结构外,各个期刊也会有一些相应的要求。例如,一些英文期刊会要求在正文之后、致谢之前有"Declaration of Competing Interest"部分,即"利益竞争性声明",说明该论文是否与他人有利益冲突或者竞争。

从上述学术论文的基本结构可以看到,学术论文的架构安排是有一定规律的,这有助于读者进行论文阅读。从读者角度看,如果想要大致了解某论文的研究全貌,就可以从题目、摘要、结论这几部分入手进行阅读;如果想要获悉研究背景及现状,就可以从引言这部分入手进行阅读;如果想要了解研究的主要规律、解释和意义,就可以从结果及分析、结论入手进行阅读。可见,知晓了学术论文的基本结构,为有效地阅读学术论文提供了基础和便利。

【动手查一查】

从中国知网(CNKI)(www.cnki.net)上检索自己感兴趣的领域的一篇文章,查看其对应的学术论文的各个基本结构,并用自己的话回答如下问题:

- 哪个领域?
- 什么问题?
- 采用了何种方法?新在哪里?
- 得出了何种结论?
- 有何启示意义?

◇ 1.6 扩展阅读

从自然科学到人文学科,各个学科之间既有区别、又有联系(图1-2)。《知识的三大部类:自然科学、社会科学和人文学科》这篇文章[11]在界定自然科学、社会科学和人文学科的内涵和外延的基础上,着重从知识的外在关联和内在特征两方面探讨了它们的区别,同时揭示了它们的关联,并就三者的统一发表了几点看法。感兴趣的同学可以找来进行阅读。

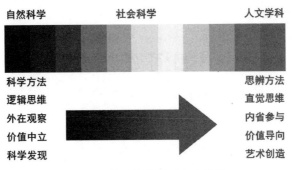

图 1-2 从自然科学到人文学科

◆ 1.7 小 结

本章包括学术论文的内涵和基本特征、为什么要写学术论文、学术论文的基本类型、学术论文的基本结构四方面,对学术论文写作中的基本概念进行了介绍。其中,对于学术论文内涵的四个基本特性的理解是关键,要能够掌握学术论文的基本结构,规范性是本书的训练重点。本书的目标是训练本科生独立完成一篇本领域的综述型论文,为日后撰写研究型论文打下坚实的基础。

◆ 1.8 练 习 题

1. 请你谈一谈,学习完本章,对学术论文的基本类型和基本构成有了哪些认识?
2. 有没有对写一篇自己署名的学术论文跃跃欲试?对学习本课程有什么期待?

【小建议】
　　学术论文的写作能力,不是一蹴而就的。功在平时,要认真对待每一次的写作实践练习。

第 2 章

如何查找资料

撰写学术论文的第一步,往往是从查找资料开始的。掌握常见的信息检索技巧,提高"搜商",有助于提升检索效率、开拓学术视野。

◆ 2.1 学习目标

1. 了解信息检索的含义、类型、原理

(1) 理解信息检索的含义和类型;

(2) 知晓文献的类型;

(3) 了解信息检索的基本原理;

(4) 了解信息检索的语言,着重记忆中国图书馆分类法中与本学科相关的分类号。

2. 掌握信息检索的三种基本方法的思想

(1) 直接法;

(2) 追溯法;

(3) 分段法。

3. 掌握信息检索常用的四种检索技术

(1) 布尔逻辑检索;

(2) 精确检索和模糊检索;

(3) 字段限制检索;

(4) 截词检索。

4. 掌握 CNKI 常见检索的使用方法

(1) 一站式基本检索;

(2) 高级检索;

(3) 专业检索。

◆ 2.2 信息检索概述

掌握信息检索技术具有重要的意义。英国大文豪塞缪尔·约翰逊(Samuel Johnson)曾经说过:"Knowledge is of two kinds. We know a subject ourselves, or we know where we can find information upon it."(知识分成两类:一类是我们要掌握的学科知识;另一类是要知道在哪儿可以找到有关知识的信息。)

2.2.1　信息检索的含义

信息检索(Information Retrieval, IR)于 1950 年被提出,可以从广义和狭义两方面理解。

广义的信息检索,指将信息按一定的方式组织和存储起来,并根据信息用户的需要找出有关信息的过程。所以,它的全称又叫信息存储与检索(information storage and retrieval),即包括信息的"存"与"取"两个环节。广义信息检索的其他表述有:信息检索是对信息项(information items)进行表示(representation)、存储(storage)、组织(organization)和存取(access)。

狭义的信息检索,指根据信息用户的需要找出有关信息的过程,相当于"信息查询"或"信息查找"(information search)。

从学术研究来看,信息检索就是从文档集合(通常存储在计算机中)查找满足某种信息需求的具有非结构化性质(通常指文本)的资料(通常是文献)的过程。

通常情况下,人们讲"信息检索"是从狭义的角度而言的。

2.2.2　信息检索的类型

信息检索主要包括如下三种类型:文献型信息检索、数值型信息检索和事实型信息检索。

1. 文献型信息检索

文献型信息检索,是以文献(包括题录、文摘和全文)为检索对象的检索。凡是查找某一主题、时代、地区、著者、文种的有关文献,以及回答这些文献的出处和收藏处所等,都属于文献型信息检索的范畴。要实现文献型信息检索,要借助于各种书目型数据库、全文数据库。例如,中国知网(CNKI)的"学术期刊库"[12]提供了中文学术期刊 8420 余种,含北大核心期刊 1970 余种,网络首发期刊 2530 余种,最早追溯至 1915 年,共计 6170 余万篇全文文献。

2. 数值型信息检索

数值型信息检索,是以数值或数据为对象的一种检索。通过数值型信息检索,可获得文献中的某一数据、公式、图表,以及某一物质的化学分子式等。要实现数值型信息检索,要借助于各种数值数据库和统计数据库。

3. 事实型信息检索

事实型信息检索,是以某一客观事实为检索对象,查找某一事件发生的时间、地点及过程。事实型信息检索的结果,主要是客观事实或为说明事实而提供的相关资料。例如,通过事实型信息检索,可以获得 2001 年 7 月通过的奥运会主办城市的结果与过程。要实现事实型信息检索,要借助于各种指南数据库(directory database)。

2.2.3　文献的类型

文献有十大信息源,包括图书、报刊、研究报告、会议信息、专利信息、统计数据、政府出版物、档案、学位论文、标准信息。除了图书和报刊,其他信息源因为出版发行和获取途径都比较特殊,被称为特种文献。

按照文献的加工程度,文献的类型可以分为零次文献、一次文献、二次文献、三次文献。

1. 零次文献

零次文献,是形成一次文献之前的情报,即未经记录或未公开于社会的最原始文献。私人笔记、未正式发表的书信、手稿、实验记录、讨论稿、实验的原始数据、工程草图、人们在某些专业会议上口头交流的经验或某些论点等都是零次文献。从某种意义上来讲,零次文献是研究的起点(图 2-1),要重视自己在日常研究中的每一次思维火花,养成及时记录的好习惯。

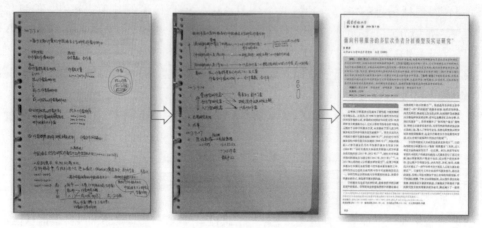

图 2-1　零次文献转换为一次文献示例

2. 一次文献

一次文献又称原始文献,是以著者本人的研究或研制成果为依据而创作或撰写的文章,是在科学研究中需重点查找的文献。一次文献是对知识的第一次加工,具有系统性、创造性、多样性的特点。常见的期刊论文(图 2-2)、专利说明书、会议论文、技术标准、科技报告等都属于一次文献。

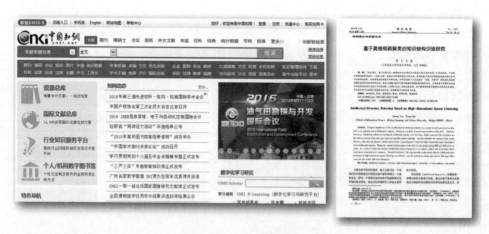

图 2-2　一次文献示例

一次文献是进行科学研究时的阅读重点,因此面对大量的一次文献要学会如何选择,可以从以下几方面进行选择阅读。首先,要以领域内的重要作者、重要文献来源、重要观点作为选择依据。根据经典的"二八定律",一般来讲,只要能够掌握前 20% 的重要作者的研究,就能获取领域 80% 的研究信息。其次,所选择的文献整体要能够全面地反映所做研究的范围,不要遗漏重要文献。再次,要特别注重最近 3～5 年的研究成果,尤其计算机领域的技术更新换代很快,要注意最新研究成果的研读。最后,在论文写作的不同阶段,看文献重点是有所区别的。例如,在论文的研究主题确定之前,往往需要阅读领域内的综述型论文,而在论文的研究主题确定之后,则要重点阅读领域的重要作者文章、细读和精读引言部分,着重发现其中还不完善的、与已有研究存在矛盾的问题,并且要随时记录读文献的想法,珍惜每一次的思维火花。

期刊作为重要的文献来源,是很多学者阅读文献的重点。期刊存在"核心效应"。1931 年,著名文献学家布拉德福,揭示了文献集中与分散规律,发现某时期某学科 1/3 的论文刊登在 3.2% 的期刊上。1967 年,联合国教科文组织研究了二次文献在期刊上的分布,发现 75% 的文献出现在 10% 的期刊中。1971 年,科学引文索引(SCI)的创始人加菲尔德统计了参考文献在期刊上的分布情况,发现 24% 的引文出现在 1.25% 的期刊上。

某学科核心期刊,是指刊载该学科学术论文较多的、论文被引用较多的、受读者重视的、能反映该学科当前研究状态的、最活跃的那些期刊。但是,核心期刊是个相对的概念。国家没有任何一个政府部门给刊物划分级别,所谓的刊物级别只是期刊行业的一种认识和一些社会机构推出的期刊目录。工科领域常用的国际核心期刊评价排行榜有:科学引文索引(SCI)、工程索引(EI)、科技会议录索引(CPCI-S)、北京大学推出的"中文核心期刊要目总览"、南京大学的"中文社会科学引文索引(CSSCI)"、中国科学院文献情报中心推出的"中国科学引文数据库(CSCD)"。

【动手查一查】

在 CNKI 中进行出版来源检索(https://navi.cnki.net/knavi/),通过学科导航,查看其收录的计算机学科期刊有哪些,以及查看一本期刊被哪些核心期刊排行榜收录(图 2-3)。

图 2-3　出版来源检索示例

3. 二次文献

二次文献又称检索性文献,是指将大量无序的一次文献进行收集、加工、整理,著录其特征(著者、题名、分类号、出处等)并按一定顺序加以编排,同时提供查找一次文献的线索,以方便读者检索的文献。二次文献是对知识的第二次加工。书目、文摘、索引、题录等都是二次文献。例如,可以通过图书馆系统提供的书目检索系统(图 2-4)对馆藏图书进行检索,也可以通过专业学术搜索引擎"读秀"对学术及文献资料(图 2-5)进行检索。

图 2-4　北京语言大学图书馆书目检索系统

图 2-5　"读秀"检索系统

4. 三次文献

三次文献又称参考性文献,是围绕某一主题利用二次文献系统地检索出大量一次文献,经过阅读、分析、整理和概括而编成的文献。三次文献是对知识的再加工。例如,教科书、综述、专题评述、学科年度总结、数据手册、百科全书等参考工具书都是三次文献(图 2-6)。

图 2-6 三次文献示例

2.2.4 信息检索的基本原理

想要有效地使用信息检索系统,有必要对信息检索的基本原理有一定了解。信息检索就是通过对大量的、分散无序的文献信息进行搜集、加工、组织、存储,建立各种各样的检索系统,并通过一定的方法和手段使存储与检索这两个过程所采用的特征标识达到一致,以便有效地获得和利用信息源(图 2-7)。存储是检索的基础,检索是存储的目的。简言之,信息检索是用户信息需求与文献信息集合的比较与选择,是两者匹配的过程。

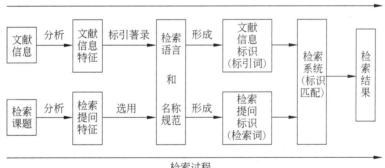

图 2-7 信息检索的基本原理

2.2.5 信息检索语言

信息检索语言,是根据信息检索系统存储和检索的需要而编制的人工语言。人工语言也称受控语言,是对自然语言的规范化。信息检索语言有分类语言和主题语言两种。

1. 分类语言

分类语言,又叫分类法,是依照一定思想观点,按学科的上下级关系组成的一个分类体系。在这个体系中,各学科以符号表示。分类,是按事物性质进行区分和类聚,并按逻辑顺序将其排列,用以区别事物、认识事物的一种方法。文献的分类,是根据文献内容的学科属性和其他特征,将各种类型的文献分门别类地、系统地组织和揭示的方法。

分类法按学科知识领域来集中文献资源,能体现出文献信息的系统性,能满足用户对文献信息学科性检索的需求。在分类法中,对每一类目分别以不同的符号及名称作标识。分类号是表达各级类目的相对位置及相互关系的代号。

分类语言用层次分明的等级结构来显示文献的关系,既能揭示出某一学科门类所包含的文献,同时又能显示出各个学科门类之间的逻辑关系。国内外比较重要的分类语言表有《国际专利分类表》《杜威十进分类法》《中国图书馆分类法》(以下简称《中图法》)《中国科学院图书分类法》《国际十进分类法》《美国国会图书馆图书分类法》等。

确定学术论文分类号的过程,就是利用已有的分类法表,确定该论文内容所属学科专业在分类法中的代表符号,即分类号。分类表中的学科名称,称为类目名称。

《中图法》包含 5 大部类(马列毛邓、哲学、社会科学、自然科学和综合性图书)和 22 个基本大类(表 2-1)。一个大类用一个字母表示,分别用字母 A~Z(L、M、W、Y 除外)来进行表示。大类下面还有类目,类目用阿拉伯数字表示。《中图法》的标记符号是混合号码,它是由大写英文字母和阿拉伯数字相结合而成,基本上采用的是层累制的编号制度,即根据类目的不同等级给予相应的不同位数的号码,即一级类用一个符号,二级类用两个符号,三级类用三个符号,以此类推,同位类再以所采用符号的顺序相配,层次清楚。例如,T 代表"工业技术",TP 代表"自动化技术、计算机技术",TP3 代表"计算技术、计算机技术",TP39 代表"计算机的应用",TP391 代表"信息处理(信息加工)",TP391.1 代表"文字信息处理"。

表 2-1 《中图法》基本大类

字母	类 目 名 称	字母	类 目 名 称
A	马克思主义、列宁主义、毛泽东思想、邓小平理论	N	自然科学总论
B	哲学、宗教	O	数理科学和化学
C	社会科学总论	P	天文学、地球科学
D	政治、法律	Q	生物科学
E	军事	R	医药、卫生
F	经济	S	农业科学
G	文化、科学、教育、体育	T	工业技术
H	语言、文字	U	交通运输
I	文学	V	航空、航天
J	艺术	X	环境科学、安全科学
K	历史、地理	Z	综合性图书

一篇论文可以有多个分类号。在为自己撰写的学术论文标注分类号时,可以借鉴类似论文的分类号,或者通过网络查询确定所写论文的中图分类号(如 http://www.ztflh.com)。

2. 主题语言

主题语言,又叫主题法,从内容角度来标引和检索信息。主题,指文献所具体论述的对象和研究的问题。主题语言是一种描述语言,不像分类法以学科体系为中心,而是利用自然语言中的名词、名词性词组来描述事物概念的中心语义。主题词,是经过筛选的、用以表述文献主题的词语。采用主题语言组织文献时,是按文献主题集中文献,直接以特定的事物、问题、现象等主题对象揭示文献信息,对文献进行标引,不受文献所属学科体系的限制。主题标引的依据是"主题词表"。在主题词表中,每一个词语都是经过专家反复研究定夺的,这些词语能对本学科的相关知识做出规范性的概括,具有很强的专指性。主题语言用参照系统显示主题概念之间的关系,按主题词的字顺顺序排列(图 2-8)。

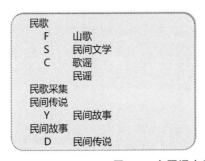

图 2-8　主题语言示例

分类语言和主题语言具有各自特点,分类语言适合于族性检索,主题语言适合于特性检索。分类语言和主题语言可以相互补充。很多中文学术论文上都会标注中图分类号,分类语言使用更普遍。

【动手查一查】

请使用你所在学校的图书馆书目检索系统,检索一本专业书籍,根据其"索书号"在相应的馆藏地找到这本书,体会中图分类号的作用。

◇ 2.3　信息检索的基本方法

在信息检索前,确定信息检索的方法是十分重要的。信息检索的基本方法有直接法、追溯法、分段法。

2.3.1　直接法

直接法,直接利用检索工具(系统)检索文献信息的方法,这是文献检索中最常用的一种方法。直接法包括顺查法、倒查法、抽查法三种常见方法。

1. 顺查法

顺查法,指按照时间顺序,由远及近地利用检索系统进行文献信息检索的方法。采用顺查法能收集到某一课题的系统文献,它适用于较大课题的文献检索,所获资料比较全面、系统,但是需要检索的工作量比较大。

例如,"Artificial Intelligence(人工智能)"自 1956 年被提出后,逐步受到了研究人员的关注。因此,可以从 1950 年开始检索,逐步由远及近地检索人工智能领域的研究成果,但是可以预见的是,在这将近 70 年的时间里会产生大量有关人工智能的研究,因此这种方式非常耗时。

2. 倒查法

倒查法,指由近及远,从新到旧,逆着时间的顺序利用检索工具进行文献检索的方法。采用倒查法能将重点放在近期文献上,可以最快地获得最新资料。但是如果对课题了解不够,采用倒查法容易造成漏检。

例如,针对人工智能研究,从 21 世纪 20 年代开始检索,会发现已经存在大量研究,再往前回溯,文献也会越来越多,但是如果不知道人工智能发展的特点,有可能认为已经足够,截至 2000 年就不再检索了,就会错过有关 20 世纪 90 年代有关神经网络发展高峰期的研究成果。

3. 抽查法

抽查法,指针对项目的特点,选择有关该项目的文献信息最可能出现或最多出现的时间段,前后逐年检索,直到基本掌握课题情况为止的文献信息检索方法。采用抽查法能用较少时间获得较多的资料,但前提必须了解本学科发展的特点和迅速发展的时期,否则难以达到预期效果。

例如,针对人工智能领域的研究,如果了解到 1985—1995 年是神经网络的一个发展高峰期,2005—2015 年是神经网络步入深度学习后的又一个发展高峰期,就能够以这几个时间节点为检索起始,快速得到有关人工智能领域研究的关键性文献。

2.3.2　追溯法

追溯法,是指不利用一般的检索工具,而是利用已经掌握的文献末尾所列的参考文献,进行逐一地追溯查找"引文"的一种最简便的扩大情报来源的方法。通过追溯法可以从查到的"引文"中再追溯查找"引文",像滚雪球一样,依据文献间的引用关系,获得越来越多的内容相关文献(图 2-9)。但是由于"引文"中的文献都是比施引文献发表时间靠前,并且"引文"的选取与论文作者的学术视野相关,因此采用追溯法获得的文献容易有片面性,文章漏检率高,知识多数较陈旧。

2.3.3　分段法

分段法,是把直接法和追溯法交替使用的方法,既要利用检索工具进行常规检索,又要利用文献后所附参考文献进行追溯检索,分期分段地交替使用这两种方法。采用分段法,首先要利用检索工具(系统)检索到一批种子文献,然后以这些文献末尾的参考目录为线索进行查找,再如此循环进行,直到满足要求时为止。分段法兼有直接法和追溯法两种方法的优点,可以查得较为全面而准确的文献,是实际中采用较多的方法。

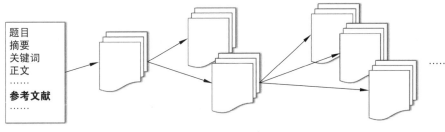

图 2-9　追溯法示例

◆ 2.4　信息检索常用的检索技术

信息检索系统依托计算机技术实现,因此为了能够高效地使用信息检索系统,有必要了解常用的信息检索技术。本节将对布尔逻辑检索、精确检索和模糊检索、字段限制检索、截词检索进行介绍。

2.4.1　布尔逻辑检索

逻辑检索是一种比较成熟、较为流行的检索技术,基础是逻辑运算,绝大部分计算机信息检索系统都支持布尔逻辑检索。下面介绍一下主要的布尔逻辑运算符。

1. 逻辑"与"

逻辑"与"用 AND(或者 *、&)表示,其原理是检索词 A、B 若用逻辑"与"相连,即 A AND B(或者 A * B),表示同时含有这两个检索词才能被命中(图 2-10)。

例如,要检索"数据挖掘技术在金融风险领域的应用"的文献,检索逻辑式可表示为:数据挖掘 AND 金融风险。需要提醒的是,不同的信息检索系统的语法略有不同,撰写检索逻辑式时需要遵循对应检索系统的语法。

可见,逻辑"与"可以用于概念交叉和限定,能起缩小检索范围和提高文献查准率的作用。

2. 逻辑"或"

逻辑"或"用 OR(或者＋、|)表示,其原理是检索词 A、B 若用逻辑"或"相连,即 A OR B(或者 A＋B),表示只要含有其中一个检索词或同时含有这两个检索词的文献都能被命中(图 2-11)。

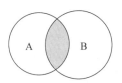

图 2-10　逻辑"与"的计算原理

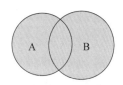

图 2-11　逻辑"或"的计算原理

例如,要检索与"数据挖掘"或者"大数据"方面有关的文献,检索逻辑式可表示为:数据挖掘 OR 大数据。

可见,逻辑"或"可以用于概念之间并列关系的组配,能增加主题的同义词或表示范围,以扩大检索范围,避免文献漏检。

3. 逻辑"非"

逻辑"非"用 NOT(或者-、!)表示,其原理是检索词 A、B 若用逻辑"非"相连,即 A NOT B(或者 A-B),表示被检索文献在含有检索词 A 而不含有检索词 B 时才能被命中(图 2-12)。

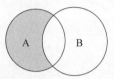

图 2-12　逻辑"非"的计算原理

例如,要检索非小学的教育研究,检索逻辑式可表示为:教育研究 NOT 小学。

可见,逻辑"非"能够从原检索范围中剔除一部分不需要的内容。

上述几种常见的布尔逻辑运算存在如下优先级:逻辑"非">逻辑"与">逻辑"或";如果有括号,则括号优先。例如,检索逻辑式为(计算机 OR 电脑)AND 维护,表示检索关于计算机维护方面或者电脑维护方面的文章;检索逻辑式为计算机 OR(电脑 AND 维护),表示检索关于计算机或者电脑维护方面的文章。

2.4.2　精确检索和模糊检索

精确检索和模糊检索在信息检索系统中经常被使用,用来限定检索的匹配程度。

1. 精确检索

精确检索,指输入的检索词在检索结果中是完全一样的检索。精确检索实际是检索形式上完全匹配的检索词,一般用于主题词、作者等字段。

例如,在"主题词"字段,精确检索"反倾销"一词,那么在主题词字段中出现"反倾销战略"或"反倾销调查"等复合词的记录并非命中记录,一定是单独以"反倾销"出现才算匹配。再如,在"作者"字段,精确检索"郭新",那么"郭新宇""李郭新"等均不算匹配记录。

2. 模糊检索

模糊检索又称概念检索,指使用某一检索词进行检索时,能同时对该词的同义词、近义词、上位词、下位词进行检索,以达到扩大检索范围、避免漏检的目的。模糊检索表示含有,允许词间插入其他字词。

例如,输入"计算机信息检索"进行模糊检索时,检索结果中有可能将"计算机""信息""检索"拆开并且顺序打乱。再如,输入"计算机"一词进行模糊检索时,检索结果不仅包括"计算机"的内容,还包括"电脑""手提""笔记本""台式机"等与"计算机"含义相近或相关的记录。

需要指出的是,精确检索和模糊检索不存在检索的"好坏之分",各具有其适用性。从检索结果的范围来看,通常"模糊检索"的结果范围会比"精确检索"大。如果检索的是一个生僻词或不熟悉领域的词时,建议使用"模糊检索",避免漏检。

2.4.3　字段限制检索

字段限制检索,就是将检索范围限制在特定字段的检索。在信息检索系统中,都会提供针对基本索引字段的检索。基本索引字段,是指一篇记录中主要用来表达文献内容特征的字段,如篇名、摘要、关键词。需要注意的是,不同数据库的著录格式、字段代码和字段数目不完全相同,在检索数据库之前,必须先查阅该库的说明,详细了解其可检字段的设置情况,以便确定合适的检索策略。

以中国知网(CNKI)为例,常用基本索引字段(表 2-2)有主题、篇关摘、题名、关键词、摘要、全文、作者、第一作者、作者单位、文献来源。因此,检索式"SU%='数据挖掘' AND SU%='金融风险'"就表示检索主题中既包括数据挖掘又包括金融风险的文献。

表 2-2　CNKI 常用的基本索引字段及其代码

代　　码	基本索引字段	代　　码	基本索引字段
SU	主题	FT	全文
TKA	篇关摘	AU	作者
TI	题名	FI	第一作者
KY	关键词	AF	作者单位
AB	摘要	LY	文献来源

2.4.4　截词检索

截词检索,是指在检索标识中保留相同的部分,用相应的截词符代替可变化部分。检索中,计算机会将所有含有相同部分标识的记录全部检索出来。截词符大多用通配符"?"或"*"表示,一般情况下,"?"代表 0 或 1 个字符,"*"代表 0 至多个字符。

依据截词符在检索词中的位置,截词检索可以分为前截词、中间截词、后截词。

1. 前截词

前截词又称词首截词,是检索不确定词首但是指定词尾的一种检索。例如,输入"*ology",可检索出 biology、geology、sociology 等所有以"ology"结尾的单词及其构成的短语。

2. 中间截词

中间截词,是检索在词的中间位置出现不确定词的一种检索。例如,假设在一个检索系统中使用"?"代表 1 个字符,那么输入"wom?n",可检索出 woman 和 women。

3. 后截词

后截词又称词尾截词,是检索确定词首但是不确定词尾的检索。例如,输入"stud???"进行词尾的有限截词,表示允许有 0~3 个字母,可检索出 study、studies、studio 等。再如,输入"cat*"进行词尾的无限截词,可检出 cat、cats、catalog、category 等。

【小问题】

　　学习了上述信息检索的常用技术,有没有冲动要去检索一下呢?

◈ 2.5 信息检索示例

本节以中国知网 CNKI 为例,说明如何利用信息检索系统检索目标文献。

2.5.1 CNKI 数据库介绍

1999 年 3 月,以全面打通知识生产、传播、扩散与利用各环节信息通道,打造支持全国各行业知识创新、学习和应用的交流合作平台为总目标,建设中国知识基础设施工程(China National Knowledge Infrastructure,CNKI,简称"中国知网")[13] 被列为清华大学重点项目。以实现全社会知识信息资源传播共享与增值利用为目标。目前,CNKI 是使用非常广泛的一个专业文献检索平台。

CNKI 包含一系列数据库[14]。例如,中国学术期刊、中国博士学位论文全文数据库、中国优秀硕士学位论文全文数据库、中国重要会议论文全文数据库、国际会议论文全文数据库、中国重要报纸全文数据库、中国学术辑刊全文数据库等十余个数据库。从 CNKI 首页(图 2-13)可以看到,默认情况下,"学术期刊""学位论文""会议""报纸""标准""成果""图书""学术辑刊"这几个数据库是被勾选的,意味着将从这几个数据库中检索符合检索关键字的结果。如果只需要检索学术期刊论文,则只勾选"学术期刊",其余数据库取消勾选。

图 2-13 中国知网 CNKI 首页

CNKI 默认是进行文献检索(图 2-13),但还可以进行知识元检索、引文检索。"知识元检索"(图 2-14)是在"工具书""手册""百科""图片""统计数据""指数"这几个数据库中检索知识元。"引文检索"(图 2-15)关联的是《中国引文数据库》(简称《引文库》),https://

ref.cnki.net/ref)。《引文库》是依据 CNKI 收录数据库及增补部分重要期刊文献的文后参考文献和文献注释为信息对象建立的、具有特殊检索功能的文献数据库，主要包括引文检索、检索结果分析、作者引证报告、文献导出、数据分析器及高被引排序等模块。

图 2-14　CNKI 的"知识元检索"功能

图 2-15　CNKI 的"引文检索"功能

2.5.2   CNKI文献检索功能

在"文献检索"中,CNKI提供了三种检索方式:一框式检索、高级检索、专业检索。需要提醒的是,CNKI是全文数据库,如果只是检索文献题录信息,不需要一定在所在机构的IP范围内,但是如果需要下载有全文下载权限的文献时,必须在所在机构的IP范围内才可以下载。

1. 一框式检索

一框式检索,是打开CNKI主页后就可以进行的基本检索。目前,CNKI一框式检索提供的检索项有16个(图2-16),包括"主题""篇关摘""关键词""篇名""全文""作者""第一作者""通讯作者""作者单位""基金""摘要""小标题""参考文献""分类号""文献来源""DOI"。默认状态下,是针对"主题"字段进行模糊检索。主题检索是在CNKI标引出来的"主题"字段中进行检索,该字段内容包含一篇文章的所有主题特征,同时在检索过程中嵌入了专业词典、主题词表、中英对照词典、停用词表等工具,并采用关键词截断算法,对低相关或微相关文献进行截断。

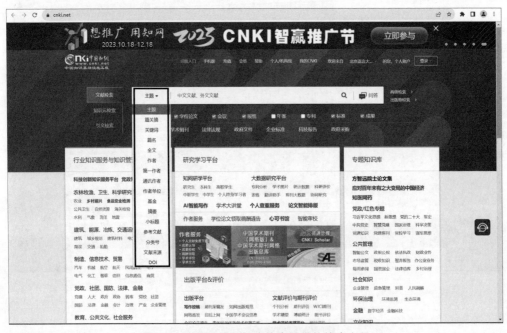

图 2-16   CNKI的一框式检索提供的检索字段

例如,当检索目标是检索"数据挖掘技术在金融风险领域如何应用"文献时,使用"一框式检索"功能可以进行这样的检索实践。在"主题"字段输入"数据挖掘技术在金融风险领域如何应用",系统共找到8条结果(图2-17)。然而,根据已有知识可知,数据挖掘领域的很多技术,如聚类分析、频繁模式分析等,在金融风险领域早已被广泛使用,相关研究成果不可能只有8条。造成这样的一个原因是检索词的选取不应该是一个短句,而应该是切分好的有意义词语,如"数据挖掘""金融风险"。

因此,在检索前应当先从检索目标中找到关键词,作为检索关键字。在对"数据挖掘

图 2-17　CNKI"主题"字段检索示例 1

技术在金融风险领域如何应用"文献进行检索时,比较合理的检索步骤应该是这样的。首先,在 CNKI 主页的默认设置下,在"主题"字段中检索"数据挖掘",系统找到 110 760 条结果(图 2-18)。然后,将"主题"字段中检索词换成"金融风险",进行"结果中检索"操作,系统找到 93 条结果(图 2-19)。"结果中检索"是在上一次检索结果的范围内按新输入的检索条件进行检索,因此这 93 条结果是满足主题字段中模糊匹配"数据挖掘"和"金融风险"的检索结果,但有可能会将"数据"结果和"挖掘"结果分隔开、"金融"结果和"风险"结果分隔开。

可见,要完成一个比较合理的检索,需要对检索目标进行有效切分,去除多余词语,以最能代表研究本质的词语作为检索关键字,检索结果才能最大限度符合检索目标的要求。

2. 高级检索

单击 CNKI 主页一框式检索框右侧的"高级检索"按钮或者在一框式检索结果页单击"高级检索"按钮,都能进入"高级检索"页面(图 2-20)。在"高级检索"页面中,可以进行多字段逻辑组合,并通过选择精确或模糊的匹配方式、检索控制等方法完成较复杂的检索,得到符合需求的检索结果。多字段组合检索的运算优先级,按从上到下的顺序依次进行。

例如,当检索目标是检索"数据挖掘技术在金融风险领域如何应用"文献时,使用"高级检索"功能可以进行这样的检索实践。在"主题"字段输入检索词"数据挖掘","AND"行的检索项由默认的"作者"切换为"主题"并输入检索词"金融风险",单击"检索"按钮,系统找到 93 条结果(图 2-21)。

可见,相较于一框式检索,采用高级检索更容易一次性进行复杂的检索项组配。除了检索项,CNKI 还提供了"网络首发""增强出版""基金文献""中英文扩展""同义词扩展""时间范围"等功能,能够实现更多参数下的检索设置。

图 2-18 CNKI"主题"字段检索示例 2

图 2-19 CNKI"结果中检索"功能示例

图 2-20 CNKI"高级检索"页面

图 2-21 CNKI"高级检索"功能示例

3. 专业检索

可以从"高级检索"页面切换到"专业检索"页面(图 2-22)。专业检索用于图书情报专业人员查新、信息分析等工作,可使用运算符和检索词构造检索式进行检索。

专业检索的一般流程是:确定检索字段,构造一般检索式,借助字段间关系运算符和检索值限定运算符构造复杂的检索式。专业检索表达式的一般式是:<字段代码><匹配运算符><检索值>。在文献总库中提供的可检索字段的字段代码分别是:SU%=主题,TKA%=篇关摘,KY=关键词,TI%=篇名,FT%=全文,AU=作者,FI=第一作者,RP=通讯作者,AF=作者单位,FU=基金,AB%=摘要,CO%=小标题,RF%=参

图 2-22　CNKI"专业检索"页面

考文献,CLC=分类号,LY％=文献来源,DOI=DOI,CF=被引频次。在"学术期刊"等数据库中,还会提供更多特定的可检索字段。"匹配运算符"包括:=、％、％=,分别适用于不同字段(表 2-3)。检索值就是根据检索目标选择的检索词。

表 2-3　CNKI"匹配运算符"功能及适用字段

符　号	功　　能	适 用 字 段
＝	＝ 'str'表示检索与 str 相等的记录	KY、AU、FI、RP、JN、AF、FU、CLC、SN、CN、IB、CF
	＝ 'str'表示包含完整 str 的记录	TI、AB、FT、RF
％	％ 'str'表示包含完整 str 的记录	KY、AU、FI、RP、JN、FU
	％ 'str'表示包含 str 及 str 分词的记录	TI、AB、FT、RF
	％ 'str'表示一致匹配或与前面部分匹配的记录	CLC
％＝	％＝ 'str'表示相关匹配 str 的记录	SU
	％＝ 'str'表示包含完整 str 的记录	CLC、ISSN、CN、IB

此外,还可使用逻辑运算符 AND、OR、NOT 进行字段间的逻辑关系运算、复合运算符进行检索关键字的复合表示等。

例如,当检索目标是检索"数据挖掘技术在金融风险领域如何应用"文献时,使用"专业检索"功能可以进行这样的检索实践。先确定检索项是"主题",检索关键字是"数据挖掘"和"金融风险",采用逻辑运算符 AND 进行组合,则构造出的专业检索式为:SU％='数据挖掘' AND SU％='金融风险',检索得到 93 条结果(图 2-23)。

以上是对 CNKI 文献检索基本功能的介绍,更多详细说明参见 CNKI 官网"全球学术快报 2.0 使用手册"[15]。

图 2-23　CNKI"专业检索"功能示例

【动手查一查】

1. 请你根据对 CNKI 的介绍和示例，去 CNKI 检索感兴趣的研究主题，用自己的话总结一下，在使用 CNKI 时需要注意的地方。

2. 请通过学校图书馆网站找到 Web of Science 数据库，尝试一下英文文献的检索。

◆ 2.6　扩展阅读

核心期刊的常见评价指标有总被引频次、立即指数、他引率、被引半衰期、引用半衰期、影响因子、H 指数。

1. 总被引频次

总被引频次，指该期刊自创刊以来所登载的全部论文在统计当年被引用的总次数。这是一个非常客观的评价指标，可以显示该期刊被使用和受重视的程度，以及在科学交流中的作用和地位。

2. 立即指数

立即指数，也称为即年指标，这是一个表征期刊即时反应速率的指标，主要描述期刊当年发表的论文在当年被引用的次数。

3. 他引率

他引率，指该期刊全部被引次数中，被其他刊引用次数所占的比例。

4. 被引半衰期

被引半衰期,指该期刊在统计当年被引用的全部次数中,较新一半是在多长一段时间内发表的。被引半衰期是测度期刊老化速度的一种指标,通常不是针对个别文献或某一组文献,而是对某一学科或专业领域的文献的总和而言。

5. 引用半衰期

引用半衰期也称为施引半衰期,指该期刊引用的全部参考文献中,较新一半是在多长一段时间内发表的。引用半衰期可以反映出作者利用文献的新颖度。

6. 影响因子

影响因子(Impact Factor,IF),最早是 1972 年加菲尔德在 *Science* 杂志上发表的 *Citation Analysis as a Tool in Journal Evaluation*(引文分析作为期刊评价的工具)中提出的,指文献或文献集合获得的客观响应,反映期刊重要性的宏观测度,可以被用来计算期刊在一个学科领域的影响力。

通常,一种刊物的影响因子越高,其刊载的文献被引用率越高,说明这些文献报道的研究成果影响力大,反映该刊物的学术水平高。论文作者可根据期刊的影响因子排名决定投稿方向。但需要注意的是,影响因子是针对期刊而言,而不是针对论文而言。

影响因子一般是指二年影响因子。二年影响因子,是指某期刊前两年发表的文章在统计当年平均被引用次数。二年影响因子="该刊前两年发表论文在统计当年被引用的总次数"除以"该刊在统计年的前两年发表论文总数"。

影响因子对于来源期刊而言非常有利,其大量自引将会提高本刊的影响因子,反之对非来源期刊则明显不利。因此,需要另一种影响因子进行平衡,即他引影响因子。他引影响因子="该刊前两年发表论文在统计当年被其他期刊论文引用的总次数"除以"该刊在统计年的前两年发表论文总数"。

目前通常提到的影响因子,是由科睿唯安公司的 Journal Citation Reports(JCR)提供的,于每年 6 月发布。但并非所有被 JCR 收录的期刊都有影响因子,JCR 中有影响因子的期刊必须满足被 *Web of Science* 和 *Current Contents Connect* 收录满 3 年的条件,这就是为什么有些被 *Web of Science* 收录的期刊还查不到影响因子。

7. H 指数

H 指数是美国物理学家赫希(Jorge E. Hirsch)于 2005 年提出的一种评估学者个人研究绩效的指标。其计算方式为:一个科研工作者发表的 Np 篇文章,有 H 篇的被引次数大于或等于 H,其余 $(Np-H)$ 篇被引频次小于 H,则该科研工作者的 H 指数值为 H。采用和 H 指数类似的方法,可以计算期刊 H 指数、机构 H 指数等。

常见的国际核心期刊评价排行榜如下所示,感兴趣的读者可以向所在机构的图书馆咨询以获悉访问途径。

(1) 科学引文索引(SCI);

(2) 工程索引(EI);

(3) 科技会议录索引(CPCI-S);

(4) 社会科学引文索引(SSCI);

(5) 艺术与人文引文索引(A&HCI);

（6）社会科学与人文科学会议录索引（CPCI-SSH）。

常见的国内核心期刊评价排行榜如下所示，感兴趣的读者可以向所在机构的图书馆咨询以获悉访问途径。

（1）中文核心期刊要目总览——北京大学；

（2）中文社会科学引文索引（CSSCI）——南京大学；

（3）中国科学引文数据库（CSCD）——中国科学院文献情报中心；

（4）中国科技论文统计源期刊——中国科学技术信息研究所；

（5）中国人文社会科学核心期刊要览——中国社会科学院文献信息中心；

（6）中国学术期刊评价研究报告——武汉大学；

（7）中国人文社会科学期刊评价报告——中国社会科学院中国社会科学评价中心。

◇ 2.7　小　　结

本章从信息检索的含义和类型入手，讲解了文献的类型、信息检索的基本原理及信息检索语言，并对信息检索的基本方法和常用检索技术进行了讲解，以 CNKI 为例进行了多角度的信息检索实践。其中，掌握信息检索常用检索技术的使用是关键，并且要注重在信息检索实践中积累信息检索策略制定的经验。

◇ 2.8　练　习　题

题目：请选定一个检索目标，以 CNKI 为检索系统，分别以"一框式检索""高级检索"和"专业检索"为入口，依次检索相关论文，并描述三者的适用场景有何不同。然后针对其中一种检索的结果，结合 CNKI 的自带分析功能进行简单分析。

要求请用"文字＋配图"的方式，描述检索过程和检索结果。

1. 用文字清楚描述检索过程，使别人通过你的文字描述可以复现你的操作。下列检索关键点仅供参考，请根据每种检索的特点来仔细思索如何描述。注意：是用一段文字描述检索过程，而不是简单罗列这些关键点。

① 针对 CNKI 的哪个数据库？可从以下四个数据库中选择一个或几个："文献""期刊""硕博士""会议"。

② 使用"一框式检索""高级检索"还是"专业检索"？

③ 精确检索还是模糊检索？

④ 在哪个字段？

⑤ 检索词如何选取？是否进行了二次检索？

⑥ 如果是"专业检索"，检索式是什么？为何这么确定检索式？

⑦ 检索用时多久？

⑧ 检索结果有多少条？要保证有检索结果，才能进行简单分析。

2. 将检索结果进行截图，用图片和文字的形式展现检索结果。

3. 针对得到的检索结果，利用 CNKI 自带功能进行简单分析。

第 3 章

如何确定研究选题

科学研究的第一步是选题。爱因斯坦曾经说过：提出一个问题往往比解决一个问题更重要，因为解决问题也许仅仅是一个数学上或实验上的技能而已，而提出新的问题、新的可能性、从新的角度去看待旧的问题，却需要有创造性的想象力，而且标志着科学的真正进步。

学术论文选题，是指作者根据自己的专长和兴趣，选择学术论文的写作主题。具体而言，首先要选定一个研究的对象、目标，一个所要研究的问题，然后产生一个适当的题目。论文选题一经确定，就基本界定了写什么问题及其涵盖范围，为进一步深入研究指明了方向。"题好一半文"，学术论文选题在学术论文写作过程中具有十分重要的地位和作用。

【小问题】

在进行学术论文选题之前，问自己几个问题：

- 你的论文打算探讨什么问题？
- 你的论文希望达成什么目标？
- 你的论文会与前人的研究成果有什么不同之处？
- 你有哪些资料和材料可以有效加以利用？

◇ 3.1 学习目标

1. 了解确定研究方向需要考虑的 5 个常见因素

（1）应与兴趣结合；

（2）应考虑自己的能力；

（3）范围应大小适中；

（4）资料应能够获得；

（5）应具有创新性。

2. 掌握选择研究课题的思路

（1）获取备选题；

（2）分析前人的研究成果；

（3）衡量、研究选题是否具备可行性。

3. 掌握确定论文题目的要求

4. 理解拟定论文提纲的作用，了解论文提纲的写法

◇ 3.2 确定研究方向

学习了某个专业，也就有了一个大的研究领域，进而就需要确定研究方向，可以从以下几方面入手。

1. 应与兴趣结合

确定研究方向考虑的首要因素是兴趣。"兴趣是最好的老师"。一个人在日常生活里，没有兴趣的事，不会去做。如果勉强去做，也会做不好。写论文的情形跟做事情一样，能符合自己的兴趣才有可能写好。对某一学科有兴趣，不完全等同于对同一研究方向有兴趣。在同一学科中，学问的性质也有很大的差别。

可以问自己这样几个问题：所学专业是否感兴趣？所在学科是否感兴趣？所在学科的研究方向有哪些？不要轻易抛弃已有的专业基础，要学会充分利用专业基础和专业优势。例如，如果本身是语言学专业，但是对于自然处理十分感兴趣并且不排斥编程，则可以通过多参加语料库建设等项目实践进行交叉学科研究。此外，要了解所在的专业所属的学科类别，属于哲学、历史、文学、经济学、管理学等学科的哪个门类。如果对于专业所在的门类也比较感兴趣，则可以深入了解这一学科的研究方向有哪些。例如，研究历史，可以具体化为政治史、社会史、经济史、思想史、制度史等；研究中国文学，可以具体化为文学理论、古文、诗、词、戏曲、小说等；研究中国哲学，可以具体化为儒、道、佛等。

如果发现自己暂时没有什么专业兴趣，也不要着急。兴趣是可以培养的，可以尝试通过写作实践去培养兴趣。思想的火花转瞬即逝，要去时刻记录和关注你认为有价值的想法，记录你感兴趣的每一个能够、愿意或者可能研究的题目。记录一段时间后，对比哪个题目更有吸引力、更具有可行性或者更具有学术价值。如果这个题目总是出现在你的脑海里，不妨尝试去做这方面的研究。

【小建议】

不要在没有了解专业的情况下，就对某个专业投"反对票"。在学科交叉日益密切的今天，很多核心素养和能力在众多专业中都是共通的。要去了解所学专业，挖掘对其的兴趣，寻找专业和兴趣的交叉点。兴趣只能起到"领进门"的作用，完成任何有难度的任务都需要"专注＋认真"。先定一个能实现的小目标，一步步来！

---

2. 应考虑自己的能力

确定研究方向考虑的第二个因素是自己的能力。通常来讲，本科 4 年、硕士 2～3 年、博士 3～4 年，时间是有限的，在有限的时间里如何对学术研究做出一点自己的贡献，一定要考虑自己的能力。

例如,要做的研究是否涉及外文文献?外语阅读能力是否过关?例如,如果想要研究明末朱舜水对日本儒学的影响,就要判定一下,自己两三年内能否充分利用日语文献,并充分了解江户时代的学术文化背景。如果想要研究清末民初中日双方的学术文化交流,中方学者的资料也许较易掌握,日方文献的研究成果,大多是用日文发表,自己是否有能力阅读。

再如,是否具备相应的研究能力?例如,自然信息处理是一个交叉学科,要考虑学习计算机科学和语言学基本知识的能力。如果想用西方哲学和社会科学理论来解释传统学术问题或做东西方学术问题的比较,要考虑吸收西方哲学和社会科学理论的能力。

3. 范围应大小适中

确定研究方向考虑的第三个因素是研究方向的范围应大小适中。所选的研究方向应该具有层次性。例如,以研究哲学为例,即使针对同一个研究对象,其研究层次也是不同的(表 3-1)。

表 3-1   研究方向范围应大小适中

学　科	层　　　　次			
	第 一 层 次	第 二 层 次	第 三 层 次	第 四 层 次
经　学	春秋三传研究	《春秋公羊传》研究	《公羊传》的政治思想	《公羊传》的夷夏观
	朱子思想研究	朱子之经学思想	朱子之诗学理论	朱子之淫诗说
哲　学	先秦道家思想研究	庄子思想研究	庄子的自然主义	庄子《养生主》研究
	明代思想研究	阳明学派研究	管志道思想研究	管志道的三教论
史　学	清代外交史	晚清对外交涉	曾纪泽的外交	曾纪泽与中俄伊犁交涉
	民初史学思想研究	古史辨派的史学理论	顾颉刚的史学理论	顾颉刚的古史层累说
文　学	唐诗研究	盛唐诗研究	杜甫诗研究	杜甫"三吏""三别"研究
	日据时代新文学研究	日据时代小说研究	杨逵小说研究	杨逵《送报夫》研究

另外,研究方向的范围应具有伸缩性。如果最开始的研究定的研究方向范围较大,但是有深一层的认识后,能够把研究方向范围缩小的余地。如果一开始就将研究方向的范围定得过小,容易格局太过狭隘。此外,也应当结合可以投入研究时间的长短、数据的多寡等因素来确定研究方向的范围。

4. 资料应能够获得

确定研究方向考虑的第四个因素是研究资料的可获得性。例如,想要研究日本江户时代的"尚书学",其相关数据都存在日本的图书馆,取得数据是相当高难度的事情。再如,想要研究趋势型数据,那需要获得某领域(如股票)具有这一特性的数据,否则只能是空中楼阁,无法开展研究。

5. 应具有创新性

确定研究方向考虑的第五个因素是研究方向应当具有创新性。研究方向切忌陈旧,要从新理论、新观点、新方法、新材料等视角去创新。很多学术研究是纵向扩展,即接着做、接着说,向纵深累积,体现学术发展的演变,可以批驳已有研究的错误、纠正偏颇,也可以补充前说、有所进步。还有一些学术研究是横向扩展,即开展原创工作,去研究前人没有研究过的方向,大胆探索前沿、填补空白。总而言之,要尽可能选择前沿、热点和难点问题进行研究,可以根据本学科最新权威综述文章确定前沿、热点和难点问题。

可以通过对已有文献资源进行检索的方式,来确定自己的选题是否新颖。仍然是那句话:创新性是区别学术论文与非学术论文的分水岭。科学研究是对已有知识产品进行加工后得到新的知识产品,而已有知识产品经过宣传普及后未改变原有知识产品(图 3-1)。

图 3-1　科学研究与宣传普及的区别

【小建议】
　　确定研究方向要考虑的 5 个因素不仅仅对学术研究有帮助,也是在申请大学生创新创业训练项目、挑战杯等各级比赛和项目之前,需要仔细考虑的几个问题,它们关系到项目的成败。

◇ 3.3　选择研究课题

在确定了研究方法之后,需要在研究方向下选择一个合适的研究课题,即进行"选题"。

3.3.1　获取备选选题

为了获取备选选题,可以从以下几方面入手。

1. 征求专家的意见

如果有机会可以就选题征求专家的意见。比如参加学术会议与专家进行面对面交流,向专家发送邮件讨论自己的研究方向,或者以当面拜访的形式征求意见。当然,一般来讲,可能因为害羞等不会这么主动去寻求专家的意见,但是也不要忽视身边"小专家"的意见,可以询问同一专业的学长学姐、同一课题组的师兄师姐,去多听取他们的意见,请他们帮忙判断自己的备选研究选题是否可行,对资料获取等有何建议。

2. 征求导师或指导教师的意见

确定选题要征求导师或者参加项目的指导教师意见,有时导师会确定一个选题,就免去了自己确定选题的过程。但如果是导师确定的选题,一定要在确定选题后、开始进行研究的早期阶段就与导师交换对于选题的理解,最好定期与导师见面,将整个过程向导师汇报,这样导师才能因材施教、给予相应的指导。

3. 关注实际工作和生活中出现的问题

确定选题的一个很重要的途径是要关注实际工作和生活中出现的问题,从中凝练出科学问题。

4. 通过阅读大量文献获取研究信息

确定选题的另一个重要途径是阅读大量文献。通过广泛地阅读本领域文献,从中知晓本领域的学术争论、学术热点、学术难点、学术前沿等。可以先阅读领域内的综述型论文,再阅读专门性的研究型论文,做到由宽到窄地缩小关注范围,聚焦研究方向。注意不要只读国内文献,也要兼顾国外文献。文献获取后,可以采取先略读再精读的策略,慢慢地将研究聚焦于某一个具有可行性的创新点上。

5. 在交叉学科中发现问题

随着学科之间交叉融合的日益增强,出现了很多交叉学科,为研究选题提供了新的思考落脚点。例如,数字人文在近几年快速兴起,以往人们认为与计算机相距较远的学科都在纷纷拥抱信息技术、融合信息技术,很多项目不是单靠某一个学科就能完成。例如,随着中国综合国力的增强,文化自信的重要性日益突出,围绕此可以展开对中国古籍的活化工作,利用基于深度学习的自然语言处理技术对中医古籍进行挖掘就十分有必要。再如,在新冠疫情期间,对外汉语教学工作不能有效开展,因此就需要进行有关国际中文智慧教育平台的建设,必然会催生出相关的学理问题。

6. 通过权威基金委发布的"课题指南"获得科学选题

可以通过各级项目管理委员会发布的"课题指南"获得选题。例如,某年度国家自然科学基金项目指南[16]、某年度国家社会科学基金项目课题指南[17]、某年度教育部人文社会科学研究一般项目申报指南[18]等。阅读项目申报指南,了解学科最前沿需求,避免闭门造车。

3.3.2　分析前人的研究成果

在获取了备选选题后,就可以进一步分析前人在此方面的研究成果。

首先,要围绕研究选题搜集前人研究成果,从多个方面对研究成果进行分析。例如,前人研究成果的数量有多少?研究成果的类型分布如何?是以论文、著作,还是专利的形式发表较多?发表的期刊论文、会议论文、学位论文等的数量和比例有多少?著作中的专著和编著的数量和比例有多少?各种研究成果是在何时完成的?

其次,要对前人研究成果的质量进行一个判断,通过仔细研读,判断是否还有继续研究的空间、已有研究是否存在新的可增长点。

最后,对前人研究成果所处领域的研究空白、薄弱环节进行识别。在此基础上进行创新,要么接着做、接着说,要么开展原创工作。无论怎样,确定的选题应该是既严肃又适合学术研究的,而且必须与现有的相关研究成果存在某种持续性的联系。

3.3.3　衡量研究选题是否具备可行性

对备选研究选题及其前人研究成果有一定了解后,要从自身的研究兴趣、研究能力、资料可获得性、研究创新性、研究范围等方面分析某一研究选题是否具有可行性。

应当将研究范围缩小到自己能够把握的程度,从而将研究方向缩小为特定选题。例如,可以从时间维度上限定在自己能够把握的时间段,进行"泰国中小学汉语教师发展的历时考察:1939—1992年";可以从地点维度上限定在特定、单一的地点,加强针对性研究,从而避免题目泛化,进行"泰国东北部汉语专业调查研究";可以从情境维度上限定,将主题限定在某个水平或级别,进行"交际任务在初级口语词汇教学中的应用""中级阶段留学生书面语篇表达偏误考察"。

【动手查一查】

　　请仿照本节介绍的选择研究课题的思路,为你的结课小论文选择一个合适的研究课题。

◇ 3.4　确定论文题目

　　确定了研究课题之后,就要为论文确定一个适合的题目。题目,就是一篇论文的"名字"。题目就是用简单的文字将论文所研究的关键问题和核心思想表述出来。题目应当能够吸引读者眼球,突出所关注的研究焦点,起到画龙点睛的作用。但是,拟定题目并不容易,可以初步拟定一个题目,完稿后再修改,即在论文完成后再最终确定一个反映论文内容的题目。

　　论文题目要满足如下 4 个要求。

1. 准确

　　论文题目要能准确反映论文内容。例如,几位同学围绕着"宁夏花儿数字化推广"进行研究,是个团队工作。其中一位同学的毕业论文是"围绕花儿网站设计和管理数据进行研究",如果题目拟定为《基于 B/S 架构的花儿戏曲网站的设计与实现》显然是不合适的,范围过大,应当具体化为《花儿网站的设计与数据管理》。

2. 精练

　　论文题目一般要求在 25 字以内,言简意赅,直接表明主题。必要时添加副标题。例如,进行"被赞助活动和赞助品牌间形象转移影响因素"的分析,有必要进行实证分析,但是不可能面面俱到,可以通过副标题形式限定基于的数据,因此可以拟定诸如《影响被赞助活动和赞助品牌间形象转移的因素——基于蒙牛酸酸乳赞助超级女声的实证研究》这样的题目。

3. 醒目

　　论文题目应当是醒目的,明确指出研究采用的方法和研究问题。例如,《基于卷积神经网络的铁轨路牌识别方法》就直接明确表明了采用卷积神经网络对铁轨路牌进行识别,使得读者一看题目就能明确知道研究的创新点和研究主题。

4. 新颖

　　论文题目应当是新颖的,老生常谈不适用于论文题目。例如,《基于 K-means 的金融数据聚类研究》这一题目就太过基础和普通,针对这一问题早已经被研究充分且有新进展了,应当研究新问题、新现象。

　　初学者容易将论文题目的命名定得过宽、过大,使得读者难以把握文章研究的核心问题。例如,《我国消费者的价格感知行为研究》这一题目中"我国消费者"太宽泛,一般的研究都不可能将一个样本的研究扩大到"我国消费者"整个人群,而且"价格感知行为"内涵很宽,不能落实到对降价幅度的感知和购买意愿两个具体问题上。这一题目,对于期刊论文来说,体量有些大,但对于博士论文来说,差不多合适。再如,《降价表述方式与消费者感知的降价幅度和购买意愿》这一题目就抓住了"降价表述方式""消费者感知的降价幅度""购买意愿"这几个所要研究的关键因素。

　　读者可以通过所在学科专业期刊已发论文的题目,去揣摩论文题目命名的特点和方式。例如,期刊《计算机学报》发表的很多学术论文中都用了"基于"字样来体现其采用的主要研究方法和研究亮点(图 3-2),例如"基于深度学习的情感对话响应综述""基于双向生成对抗网络的感知哈希图像内容取证算法""基于超图的多模态情绪识别"。通过研究不同期刊的论文题目,读者能够发现不同期刊的侧重点,便于投稿定位。

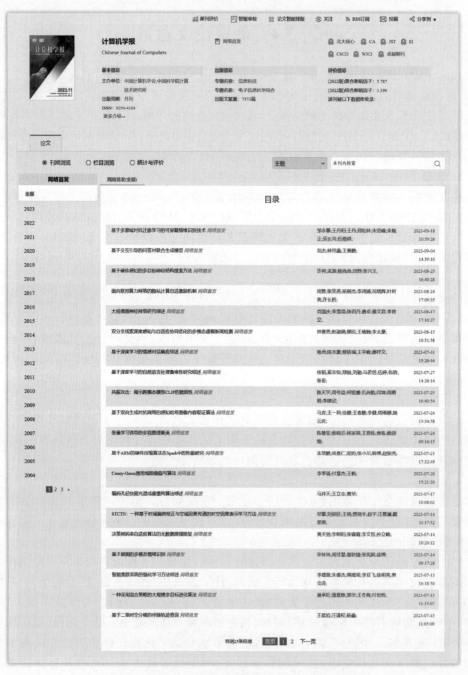

图 3-2　期刊《计算机学报》发表的学术论文题目示例

【动手查一查】

　　请从 CNKI 上检索自己感兴趣的主题,针对其中的 20 篇文献题目进行仔细阅读,看看能否通过题目识别出每篇文献的重点。

◆ 3.5　拟定论文提纲

　　能够拟定出论文的写作提纲,即将论文的篇章结构、基本骨架均确定完成才算是完成一个合格的选题工作(图 3-3)。

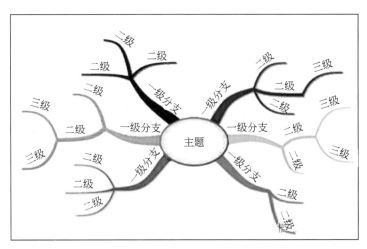

图 3-3　学术论文的写作提纲确定示例

3.5.1　拟定论文提纲的原则

　　拟定论文提纲要遵循以下 4 个原则。

1. 论文提纲层次要清晰

　　论文提纲要有明确的文档结构,在论文的基本结构基础上,要能够把研究内容细化为若干一级标题,一级标题再细化为二级标题乃至三级标题,才算对论文选题有了明确的理解和认识。

2. 论文提纲完整统一

　　论文提纲应当是完整统一的,不能遗漏重点章节。

3. 论文各部分之间要有逻辑关系

　　论文提纲不要出现逻辑性错误,各个部分之间应当是有逻辑关系的。论文为什么采用"①②③④⑤"顺序,而不是"⑤①②③④"顺序,这些问题都要思考后再确定(图 3-4)。

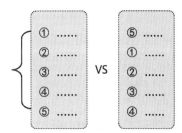

图 3-4　论文各部分之间要有逻辑性

4. 论文提纲要符合论证结构

常见的"总—分—总"是经典结构,也适用于学术论文写作。

3.5.2 论文提纲的结构

论文提纲中至少要包括如下几部分(注意不是这几个章节)以建立论文结构骨架。

1. 题目

初步拟定一个题目,后续可以再修改。

2. 引言

预留出引言论述的几层含义提示语(详见第 7 章),具体内容可以待填充。

3. 正论

是论文的重点部分,要能够细化为若干一级标题、二级标题等,详细列出结构,有何总论点及哪些下位论点,列出从哪几方面、以什么顺序论述,进行层层深入与推理。

4. 结论

预留出结论部分的几层含义提示语(详见第 7 章),具体内容可以待填充。

5. 参考文献

列出对于选题很重要的支撑性文献。

6. 附录

可以将不方便全部写入论文正文的图表、调查问卷、采访对话等资料放入附录。也可以不设置附录。

3.5.3 论文提纲的写法

论文提纲的写法主要有两种:标题式写法和句子式写法。

1. 标题式写法

采用简要的文字写出标题,只要能够把这部分内容概括出来即可。这种写法简明扼要,一目了然,但很有可能只有作者自己能明白其中含义。

2. 句子式写法

以一个能表达完整意思的句子把该部分内容概括出来,这样每部分的含义具体而明确,别人也能看懂,更适合沟通。

3.5.4 论文提纲的举例与分析

以笔者曾经完成的一篇学术论文《高校图书馆参与自主 MOOC 平台资源建设研究》[19]为例,讲解论文提纲的写法及作用。这篇论文围绕图书馆如何参与高校自主 MOOC 平台资源建设进行研究。

在论文写作之初,确定了研究选题后,拟定的题目是《高校图书馆参与自主慕课平台资源中心建设研究》并且撰写论文提纲(图 3-5 左边),包括"引言""国内高校的慕课实践方式""高校图书馆在慕课资源建设中的作用""高校图书馆参与慕课资源建设方案""高校图书馆参与慕课资源建设的难点分析""结语"和"参考文献"7 部分。在"引言"的研究背景中对"慕课"进行了"MOOC"标注、指出其为图书馆带来的新挑战,然后对 4 个一级标题依次进行论述,对其中"国内高校的慕课实践方式"和"高校图书馆参与慕课资源建设方案"都分别提供了可以进一步扩展的论点或二级标题,最后在结语部分提到本文研究可以为嵌入式学科服务提供基础。

随着研究过程的落地和展开,我们对于研究问题的认识是逐步深化的,论文提纲在发生变化(图 3-5 右边)。最终成文的论文题目是《高校图书馆参与自主 MOOC 平台资源建设研究》,摒弃了选题时对"慕课"这一翻译的使用,而是直接采用广为接受的"MOOC"一词,然后在引言部分加入了对研究意义的理解,即图书馆参与 MOOC 平台资源建设能够为提供深层次的学科服务做准备。并将"1 国内高校的慕课实践方式"变更为"1 国内高

拟定题目:高校图书馆参与自主慕课平台资源中心建设研究	拟定题目:高校图书馆参与自主 MOOC 平台资源建设研究
0 引言	**0 引言**
－ 研究背景:慕课(MOOC)蓬勃发展,为图书馆带来信息素养教育、资源建设等各种挑战。	－ 研究背景:MOOC 蓬勃发展,为图书馆带来信息素养教育、资源建设等各种挑战。
1 国内高校的慕课实践方式	－ 研究意义:MOOC 环境下,为提供深层次学科服务做准备
－ 加入知名慕课平台	**1 国内高校参与 MOOC 的实践分析**
－ 开发自主慕课平台(例如"北语慕课")	**1.1 国内高校的 MOOC 实践方式**
－ 两种方式并举	－ 加入知名 MOOC 平台
2 高校图书馆在慕课资源建设中的作用	－ 开发自主 MOOC 平台(例如"北语慕课")
3 高校图书馆参与慕课资源建设方案	－ 两种方式并举
3.1 慕课资源中心的导航功能设计	**1.2 不同 MOOC 实践方式带给图书馆的机遇**
3.2 慕课资源中心的搜索功能设计	－ 资源 vs 服务
4 高校图书馆参与慕课资源建设的难点分析	**1.3 高校图书馆在自主 MOOC 平台资源建设中的作用**
5 结语	**2 高校图书馆参与自主 MOOC 平台资源建设的建构模型**
为嵌入式学科服务提供基础	2.1 自主 MOOC 平台的资源导航功能设计
参考文献	2.2 自主 MOOC 平台的资源搜索功能设计
[1] 任树怀,胡礼忠.新兴技术环境下大学图书馆面临的挑战与对策[J].大学图书馆学报,2014, 32(1): 14-19.	**3 高校图书馆参与自主 MOOC 资源建设的关键点和难点分析**
[2] 秦鸿. MOOCs的兴起及图书馆的角色[J]. 中国图书馆学报,2014, 37(2): 19-26.	3.1 北语图书馆参与"北语慕课"资源中心建设的实践
[3] 沈利华, 田稷. MOOC浪潮中的大学图书馆及馆员[J].情报资料工作,2014, 35(5): 100-103.	3.2 高校图书馆参与自主 MOOC 资源建设的关键点分析
[4] 叶艳鸣. 慕课:撬动图书馆新变革的支点[J]. 国家图书馆学刊,2014(2): 3-9.	3.3 高校图书馆参与自主 MOOC 资源建设的难点分析
	4 结语
	为嵌入式学科服务提供基础
	参考文献
	[1] 任树怀,胡礼忠.新兴技术环境下大学图书馆面临的挑战与对策[J].大学图书馆学报,2014, 32(1): 14-19.
	[2] 秦鸿. MOOCs的兴起及图书馆的角色[J]. 中国图书馆学报,2014, 37(2): 19-26.
	[3] 沈利华, 田稷. MOOC浪潮中的大学图书馆及馆员[J].情报资料工作,2014, 35(5): 100-103.
	[4] 叶艳鸣. 慕课:撬动图书馆新变革的支点[J]. 国家图书馆学刊,2014(2): 3-9.

图 3-5　论文提纲的举例与分析

校参与 MOOC 的实践分析",从而可以将不同 MOOC 实践方式带给图书馆的机遇、高校图书馆在自主 MOOC 平台资源建设中的作用(原有的第 2 章节)囊括进来进行论述。然后,细化原有的"3 高校图书馆参与慕课资源建设方案"为"2 高校图书馆参与自主 MOOC 平台资源建设的建构模型",突出论文的研究贡献。再在原有的"4 高校图书馆参与慕课资源建设的难点分析"上加入对关键点的分析,变更为"3 高校图书馆参与自主 MOOC 资源建设的关键点和难点分析",并且展开进行论述,提供更加翔实的论述依据。

【**动手做一做**】

请仿照本节课讲述的确定研究课题的四个步骤,结合在 CNKI 中的检索实践,为你的结课论文确定一个合适的选题,并用不超过 25 个字的题目来表示。

◆ 3.6 扩展阅读

学位论文的开题报告,是用来介绍和证明将要开展课题的研究目的、意义、作用、目标等的说明性文件,旨在阐述、审核和确定学位论文/设计的题目(选题)。学士、硕士、博士各阶段学位论文开题报告字数要求不同,但基本部分包括:选题的背景和意义、国内外研究现状和趋势、本研究的基本内容和拟采用的方法、预期达到的成果、工作进度计划、参考文献列表。详细内容可参考"附录 A 北京语言大学本科生毕业论文开题报告"和"附录 B 北京语言大学本科生毕业论文开题报告记录表"。

◆ 3.7 小　　结

本章讲解在撰写学术论文之前,论文作者首先需要选择一个适合自己的研究方向,这个方向应该有明确的主题、范围和数据,再在研究方向上通过多种方式选定一个课题,在分析前人研究成果的空白点和确定可行性后,初步拟定一个题目和论文提纲,然后论文作者开始进行研究和写作活动。

◆ 3.8 练习题

1. 请为你的结课论文(科技类的综述型论文)拟定一个题目,25 字以内。

2. 用 1～2 句话,说明你的研究目标。

3. 利用 CNKI 检索一次与你研究选题相关的文献,通过阅读篇名、关键词、摘要,选择最相关的文献进行下载(数量以 15～20 篇为宜)。

① 上传下载的相关文献截图。

② 阅读论文,为撰写结课论文提纲做准备(可以提前着手)。

③ 做读书笔记,为进行参考文献引用做准备。

如何管理文献

本章以中文领域一款叫作 NoteExpress 的文献管理软件为例,来讲解如何管理日益增多的文献,使得文献管理事半功倍。

◇ 4.1　学　习　目　标

1. 了解进行文献管理的必要性和重要性
2. 了解 NoteExpress 软件的四大功能
(1) 检索文献;
(2) 标记文献;
(3) 分类文献;
(4) 应用文献。
3. 掌握 NoteExpress 的基本操作
(1) 完成 NoteExpress 的安装(包括 Word 中插件的安装);
(2) 熟悉 NoteExpress 的基本功能。
4. 了解 NoteExpress 的高级操作

◇ 4.2　为什么要管理文献

如果以文献为核心,论文写作一般流程可以包括这样几个阶段:查找文献、阅读文献、整理文献、定位文献和插入文献(图 4-1)。

在查找文献阶段,需要根据研究的选题,检索相关文献,并将检索到的文献进行汇总。在阅读文献阶段,需要根据对论文内容的理解,对文献进行内容勾画、内容摘抄、文献重要性标注等操作。在整理文献阶段,需要根据自己的理解,对文献按类别进行管理,这其中可能会涉及如何实现文献的跨类别管理。而定位文献是指,研究过程中经常需要找到某类、某篇文献进行快速调阅。插入文献则指,在论文的撰写时,对参考文献的标注和著录。如果撰写的论文所需要的参考文献量比较少,这一流程使用文件夹进行手工管理是可以的,但是随着研究的深入、研究层次的提高,会需要阅读越来越多的文献。例如,本科毕业论文的参考文献要求是至少 10 篇,硕士毕业论文的参考文献要求是至少 30 篇,而博士毕业论文的参考文献要求是至少 60 篇。检索得到的文献量会远远超过

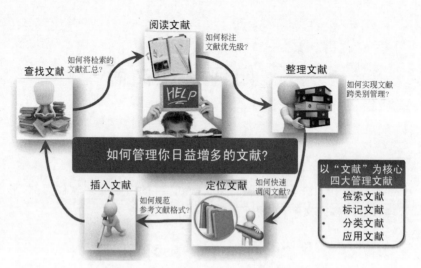

图 4-1　以文献为核心的论文写作一般流程

列在参考文献列表中的文献量。当面对越来越多的文献,仍然采用手工的方式对文献进行分类等管理,非常烦琐,也会花费大量时间。

　　NoteExpress(NE)是一款国产的文献管理软件,由北京爱琴海乐之技术有限公司开发研制,可以进行文献管理、写作投稿等工作。其功能强大,上手容易。因为这款软件是由中国公司开发的,所以它对中文文献的支持远远强于 Endnote、Zotero、Mendeley 等国外的软件。

◇ 4.3　NoteExpress 的安装

　　文献管理软件 NoteExpress 的安装较为简单。通过所在机构的图书馆网站(例如,北京语言大学图书馆网址:http://lib.blcu.edu.cn)找到 NoteExpress 的介绍页面[20]和下载链接,下载后,按提示一步一步安装,就可以开始使用了(需要提醒的是,目前 NoteExpress 只支持在 Windows 操作系统下使用)。

　　安装 NoteExpress 后,启动时首先会显示注册信息及版本号(图 4-2)。

图 4-2　NoteExpress 启动页面

　　NoteExpress 安装完成后第一次打开的初始界面如图 4-3 所示,界面左上方会显示注册的版本信息,然后下方依次是菜单栏、工具栏,中间部分左侧包括一个名为"Sample"

的示例数据库,右侧显示其内包含的若干条记录。题录列表栏的上半部分以题录列字段显示每一条题录,下半部分以选项卡形式显示题录详细信息命令。

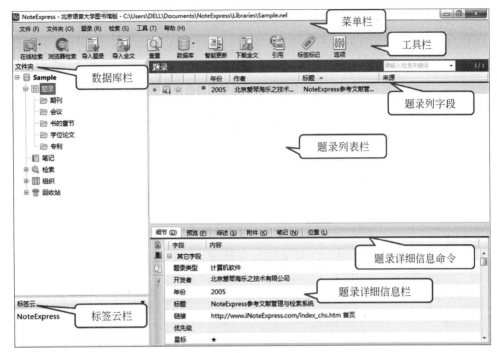

图 4-3　NoteExpress 安装完成后第一次打开的初始界面

4.4　NoteExpress 基本功能

NoteExpress 以文献为核心,主要提供了 4 大管理功能,包括检索文献、标记文献、分类文献和应用文献。首先进行检索文献,然后对保存的文献进行阅读和标记,再在此基础上分类管理文献,最后在写作时应用文献。下面依次进行介绍。

4.4.1　检索文献

1. 确定检索目标,新建数据库存放检索结果。主要步骤包括(图 4-4):①新建空白数据库;②输入数据库名称;③选择附件添加方式;④新建数据库完成。其中,附件添加方式可以根据自己的需求,选择“复制文件到附件文件夹”或者“移动文件到附件文件夹”。新建数据库完成后,会在本地电脑出现一个后缀为“.nel”的文件,后续向里面添加附件后,会在同一个文件路径下多出一个后缀为“.attachments”的文件夹用以保存附件。

2. 利用 NoteExpress 提供的在线数据库检索相关文献。以 CNKI 为例,操作如下:①选择在线数据库;②选择 CNKI;③查看检索初始状态,将其修改为需要的检索设置,实施检索。例如,在“期刊”库以“MOOC”在主题字段、“设计”在“篇名”字段进行逻辑与的组配检索,等待系统检索结果(图 4-5),可以通过“批量获取”功能(图 4-6),按需取回题录。

图 4-4　利用 NoteExpress 新建数据库

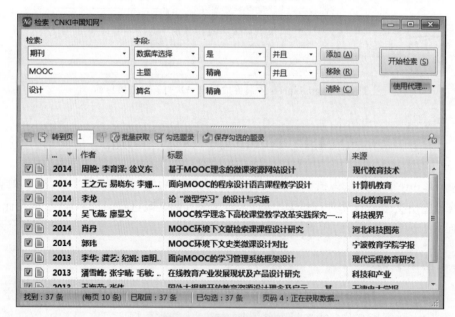

图 4-5　在线检索设置示例

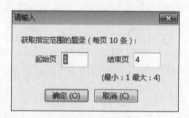

图 4-6　在线检索的"批量获取"功能

3. 检索完成后,保存题录。可以选择"取消勾选所有题录"选项(图 4-7),只勾选有需要的题录,再保存至本地数据库的某个文件夹中(图 4-8),保存后会在题录状态栏上显示在当前文件夹选定的题录数量和题录总数(图 4-9)。

图 4-7　只保存需要的题录

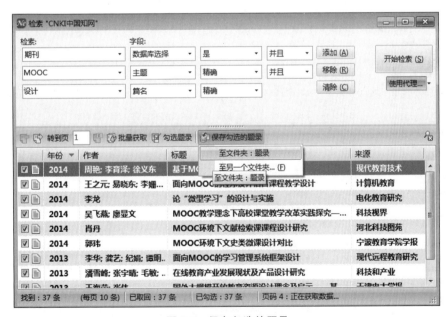

图 4-8　保存勾选的题录

4. 根据所在机构购买权限和需要,下载题录全文。需要提醒的是,只要是 NoteExpress 提供了的在线数据库,即使所在机构并没有购买使用权也可以进行在线检索题录。但是

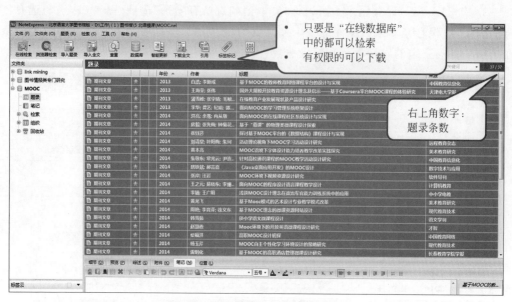

图 4-9　将题录保存至本地文件夹

如果想要下载全文，必须要在 IP 范围内才可以。以从 CNKI 中下载论文为例，具体步骤是：选中可以下载的文献题录，右击，选择"下载全文"选项，再选择"选择全文数据库"，在弹出窗口中选择"从'CNKI_中国知网（IP 登录）'下载"（图 4-10），NoteExpress 就会通过 CNKI 检索，检索到题录后开始下载，下载完成会在该题录的列字段中出现一个红色方框（图 4-11）。

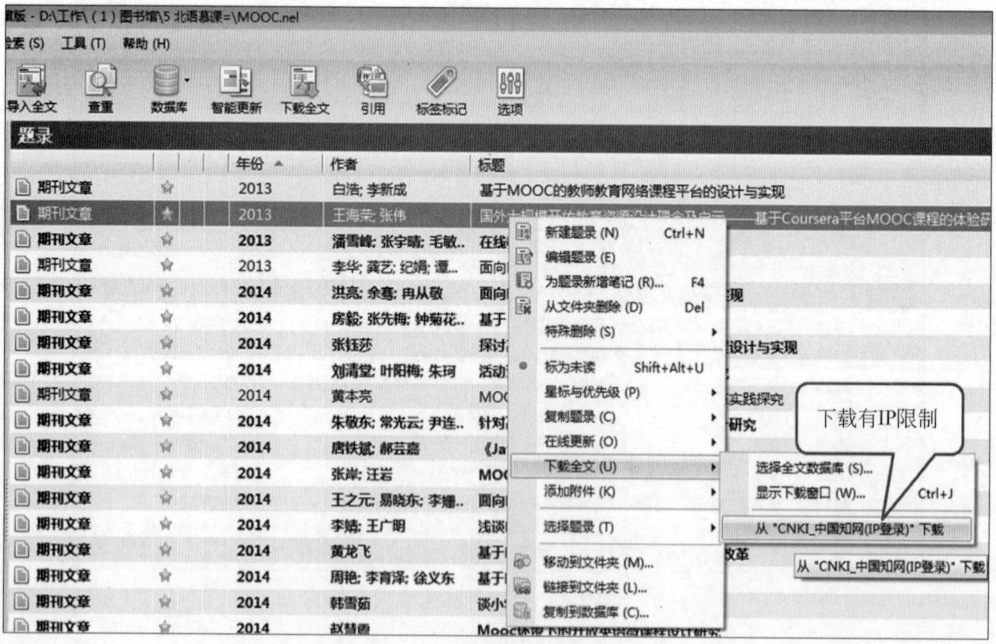

图 4-10　"下载全文"功能

图 4-11　带有全文的题录

4.4.2　标记文献

以阅读某篇文献为例,将其题录选中后(图 4-12),可以对题录信息进行维护,因为从网上自动下载的信息很有可能出现错误。

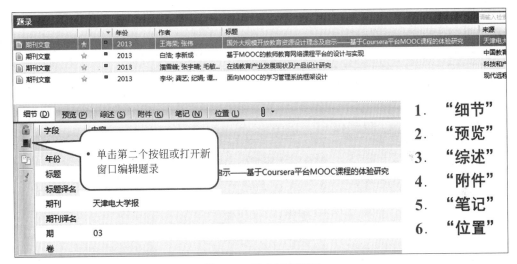

图 4-12　选中某条题录

1. 使用题录详细信息的"细节"选项卡(图 4-13)可维护题录的字段信息。双击题录或单击"细节"选项卡的第二个按钮,在打开的"编辑题录"窗口中编辑题录的各个字段。只有此处的题录类型、作者、年份、标题、期刊、期、卷、页码等字段维护正确,基于此生成的参考文献著录项才是能直接使用的。

2. 使用题录详细信息的"预览"选项卡,可以预览当前选定样式下的参考文献标注和著录格式,并且可以根据需要将默认的"Numbered(Multilingual)"样式通过"<更多输出样式…>"功能(图 4-14),检索本地或者在线提供的其他样式(图 4-15)。

3. 使用题录详细信息的"综述"选项卡(图 4-16),可查看某条题录的标题、作者、来源、发表时间、期、卷、页码、摘要、关键词等基础信息,便于快速浏览题录内容。

4. 使用题录详细信息的"附件"选项卡,可以查看某条题录在收录数据库中的介绍页面,下载全文的链接,以及相关联的附件(图 4-17)。

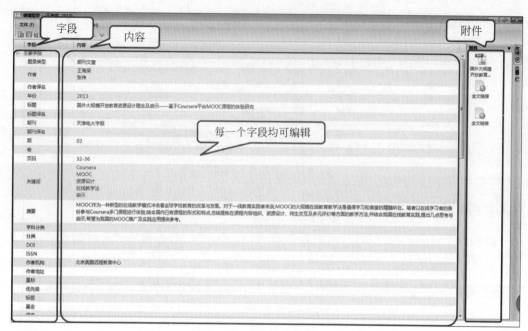

图 4-13　题录的"细节"选项卡

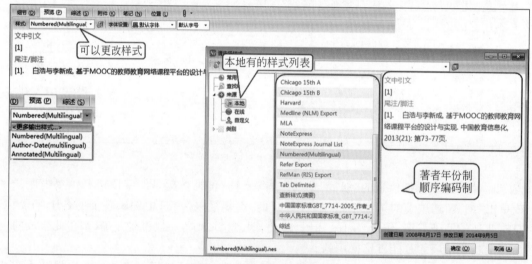

图 4-14　更改参考文献样式

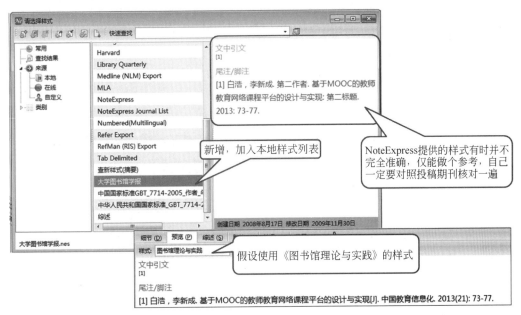

图 4-15　在线检索参考文献样式

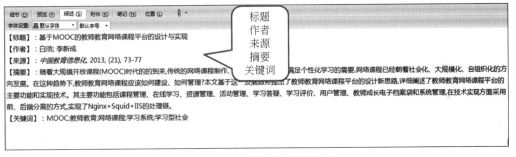

图 4-16　题录的"综述"选项卡

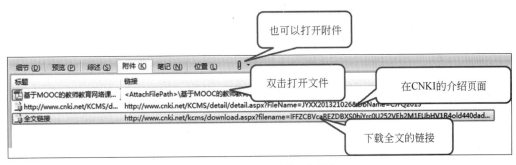

图 4-17　题录的"附件"选项卡

5. 使用题录详细信息的"笔记"选项卡,可以按照自己的理解对题录做笔记。加了笔记之后,会在该题录的列字段中出现一个粉色方框,同时会在"附件"中多一行信息表明该题录多了一个笔记附件(图 4-18)。

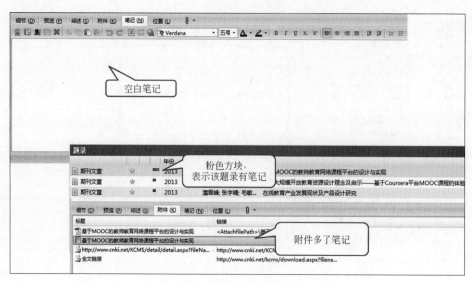

图 4-18　题录的"笔记"选项卡

【动手做一做】

　　NoteExpress 提供了数据库内的检索功能，既能对题录信息也能对笔记进行检索。请你赶快试一试吧！

　　6. 使用题录详细信息的"位置"选项卡，可以查看目前题录所在的文件夹。

　　除了这 6 个题录详细命令选项卡，还可以针对每条题录，添加"星标""优先级"标识（图 4-19）。

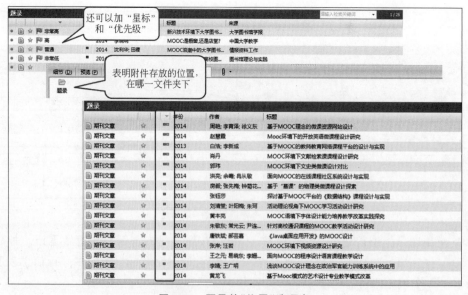

图 4-19　题录的"位置"选项卡

4.4.3　分类文献

以"MOOC 设计"文献整理为例讲解如何对文献进行分类。

1. 创建文件夹并以类别命名。单击"MOOC"下面的"题录",右击,选择"添加文件夹"命令即可完成创建。可以按照阅读文献的情况再次右击添加子文件夹(图 4-20)。

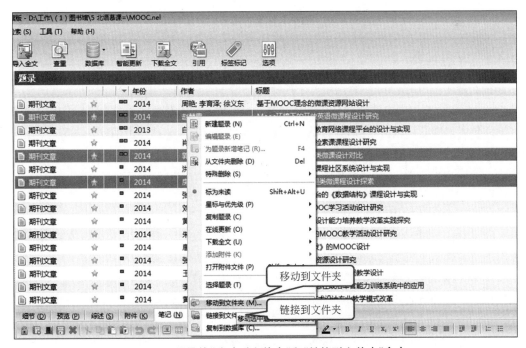

图 4-20　题录的"添加文件夹"命令

2. 将题录移动或者链接到对应文件夹。NoteExpress 提供了"移动到文件夹"和"链接到文件夹"两种方式(图 4-21),前者将题录移动后在原有文件夹中就不存在该题录了,

图 4-21　题录的"移动到文件夹"和"链接到文件夹"命令

后者采用了虚拟文件夹技术使得该题录在原有文件夹和链接到的文件夹都同时存在,并且题录信息在任何一方修改在另一方都可以同步更新(图4-22)。一条题录可以横跨两个甚至多个文件夹,这为交叉研究文献的管理提供了极大的便利。

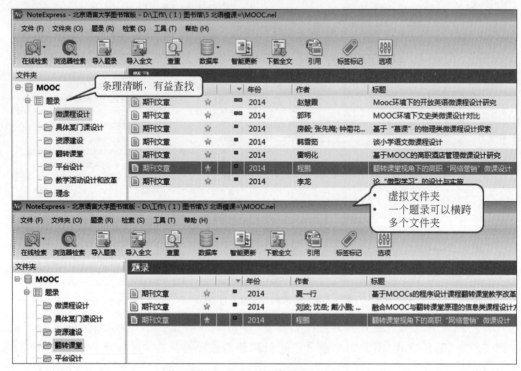

图 4-22　基于文件夹将题录分类整理

4.4.4　应用文献

在安装了 NoteExpress 后,会自动在所在计算机的 Word 中显示该插件,Microsoft Word 或者 WPS Word 中都能使用。以在 Microsoft Word 中使用 NoteExpress 写作插件进行论文写作为例进行讲解,该插件包括"引用""编辑""查找""工具"四个组(图4-23)。

1. 打开 NoteExpress 和要插入引文的 Word 文档。

2. 在 NoteExpress 中选中在文档中该位置要插入的文献题录(图4-24)。

3. 选择需要的参考文献样式(图4-25)。

4. 在 Word 文档中将光标放在要插入引文的位置。

5. 选择 NoteExpress 插件的"引用"组的"插入引文"命令(图4-26),会在文中光标位置添加当前样式下的引文,并在文后自动生成一个参考文献著录列表(图4-27)。

6. 如果发现引文需要修改,就将光标放在文中需要修改的参考文献标号上,再单击"编辑引文"按钮进行设置。例如,删除如下示例中的参考文献[2](图4-28),需要将光标放在[2]上(图4-29),单击"编辑引文"按钮,选中需要删除的引文(图4-30),删除后 NoteExpress 会自动将文中参考文献标号和文后参考文献列表编号进行同步更新(图4-31)。

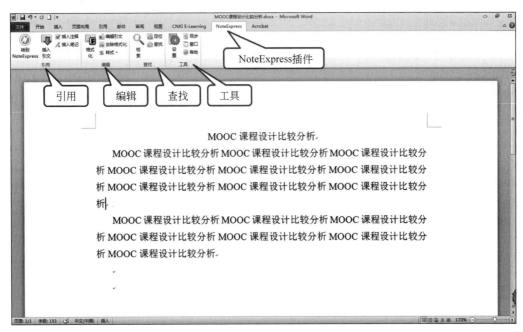

图 4-23　Word 中的 NoteExpress 写作插件

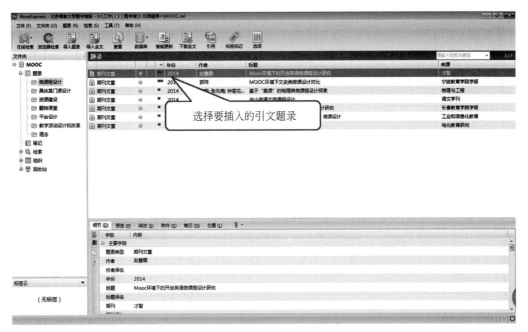

图 4-24　选择要插入的引文题录

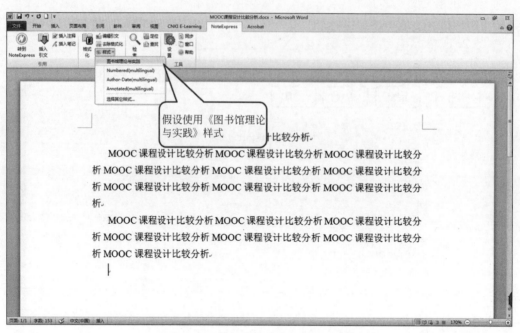

图 4-25　选择需要的参考文献样式

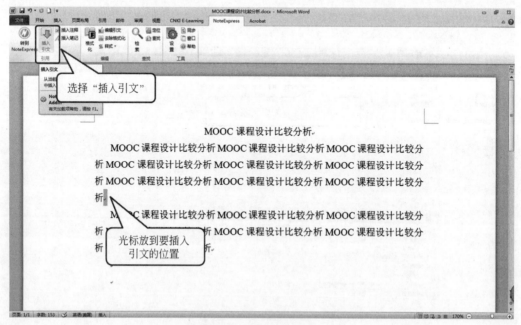

图 4-26　"插入引文"命令

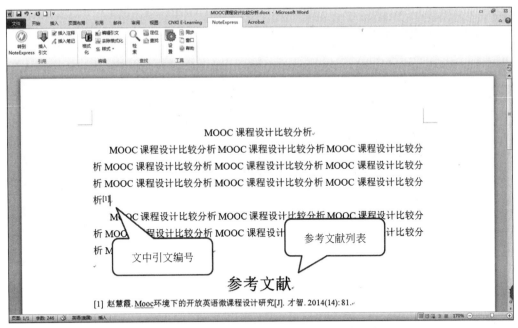

图 4-27　生成的参考文献标号和参考文献列表

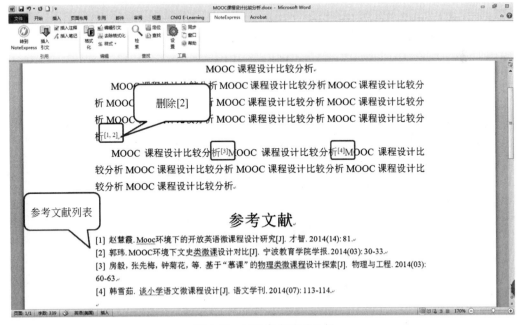

图 4-28　删除参考文献示例

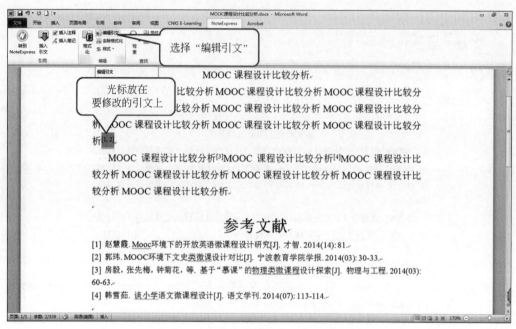

图 4-29 对参考文献进行"编辑引文"操作

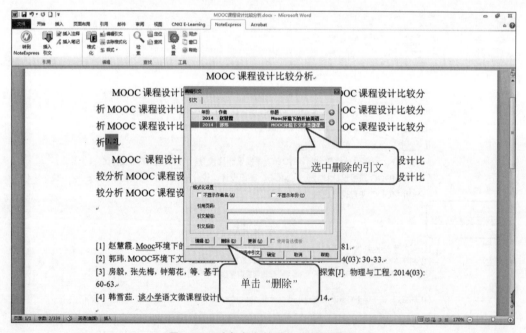

图 4-30 对参考文献进行"删除"操作

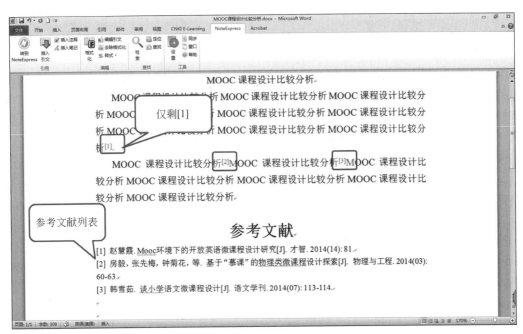

图 4-31 参考文献自动更新

【**动手做一做**】

相信通过上述的 NoteExpress 基本功能的讲解,读者已经对文献管理软件的功能有了一定了解。除此之外,NoteExpress 中还提供了如下功能,感兴趣的读者可以在使用过程中逐步体会。

- 手动导入题录
- 添加附件
- 文献信息统计
- 题录查重

◆ 4.5 扩 展 阅 读

市面上有若干种文献管理软件[21],可以选择一种适合的进行深度使用。

1. EndNote

EndNote 是 Clarivate Analytics(科睿唯安)公司的官方软件。其支持国际期刊的参考文献格式有几千种,写作模板几百种,涵盖各个领域的杂志,功能十分强大。EndNote 面世比较早,加上其优秀的文献管理功能,它可以说是市场上使用人数最多、占比最高的文献管理软件。

EndNote 作为一款受众面最广的软件,其支持的文献数据较多,世界上的大多数据库 EndNote 都可以直接访问。但 EndNote 对 WPS 支持度不高，对一句话引用多篇文献可能会报错，因此习惯使用 WPS 的读者慎用 EndNote。并且部分机构并没有购买 EndNote 使用权。

2. Zotero

Zotero 作为一款开源的软件，和 EndNote 相比最大的优势就是免费。再加上其本身的扩展性强，所以近几年开始流行起来。Zotero 相对于其他的文献管理软件来说更像是一个知识管理软件，它不只限于对文献的管理，还可以实现对知识的整合。Zotero 的插件众多，很多功能都可以通过装插件来实现。此外，Zotero 抓取能力强，不仅能在 CNKI、Pubmed 上抓取文献，还能在知乎、百度甚至是 B 站上抓取数据。而且 Zotero 支持 RSS 订阅追踪期刊的最新文章。但是，Zotero 云端容量才 300M，而且如果在没有装插件的情况下 Zotero 的功能是很少的，对中文文献不是很友好。

3. Mendeley

Mendeley 是一款免费的文献管理软件，也被称为学术社交网络平台。最早是由德国的三个博士开发，后被 Elsevier 收购。使用 Mendeley 需要注册 Elsevier 账号，注册后在官网进行登录，系统会推荐相关文献和相同领域的研究者，并且可以创建不同等级的 Group，来和不同的人分享文献。Mendeley 界面简洁，云端容量大，每个账户有两个 G 的容量。但是 Mendeley 不支持中文文献的阅读以及管理，而且不能在软件内搜索文献，需要在浏览器中搜索文献进行添加，过程比较烦琐。

◆ 4.6 小　　结

本章以文献管理软件 NoteExpress 为例，讲解了文献管理软件的作用和使用方法。以文献为核心，NoteExpress 主要提供了 4 大管理功能，包括检索文献、标记文献、分类文献和应用文献。首先进行检索文献，然后对保存的文献进行阅读和标记，再在此基础上分类管理文献，最后在写作时应用文献。随着研究的深入，文献管理也应当更加科学，希望读者早日将文献管理软件利用起来。

◆ 4.7 练　习　题

1. 请你利用 NoteExpress 管理结课论文选题搜集到的文献，在文献阅读的基础上进行文献标记和文献分类。

2. 将直接从 CNKI 网站下载的论文，导入 NoteExpress 中进行管理。

3. 向某条题录添加多个不同类型的附件，并在附件".attachments"文件夹查看结果。

第5章

如何撰写文献综述

截至本章,对于如何撰写学术论文已经了解了以下基本内容:学术论文的内涵和构成(第1章)、如何查找资料(第2章)、如何确定研究选题(第3章)、如何管理文献(第4章)。上述工作为撰写文献综述(本章)提供了基础。

◆ 5.1 学 习 目 标

1. 理解什么是文献综述及简单划分
2. 了解撰写文献综述的目的和意义
3. 了解撰写文献综述的原则
4. 仔细理解进行文献综述写作的方法与特征
5. 了解撰写文献综述易出现的问题

◆ 5.2 文献综述的含义及分类

5.2.1 文献综述的含义

文献综述(Literature Review),是指针对某一研究课题搜集大量文献资料之后,经过分析、比较、整理、归纳等综合分析,对国内外在该课题的研究背景、主要研究成果、最新进展、发展趋势、前沿问题等方面所进行的较为全面、深入、系统的叙述和评论。

文献综述的对象是一次文献,对其进行搜集、阅读、分析、归纳、评述、引用。"综",要求对文献资料进行综合分析、归纳整理,使资料更精练明确、更有逻辑层次。"述",要求对综合整理后的文献进行专业、全面、深入、系统的论述。

5.2.2 文献综述的分类

为了表述方便,将文献综述分为"大综述"和"小综述"两类。

1. 大综述

所谓的"大综述",是一个领域(或专题)的文献的总结,单独以一篇文章的形式发表,即前面提过的综述型论文。

　　撰写大综述文章的人通常是权威专家,而且一般都是在这个题目上做了一定贡献的人。比如发表于《软件学报》的《聚类算法研究》这篇大综述[8](图 5-1)就是由在聚类算法领域深耕了很久的学者撰写的。

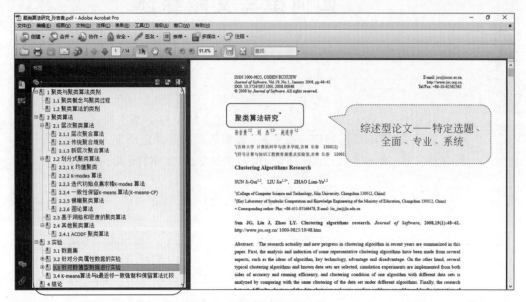

图 5-1　《聚类算法研究》

　　大综述的基本结构包括:题目、作者、摘要、关键词、引言、正文、结论、参考文献。其中,引言表明研究方向、研究主题、界定概念、研究目的和意义,而正文部分(注意:不是有一章叫"正文")则分章、分节对研究主题细化分析,描述关键问题/关键观点,结论部分进行整体概括、建议和总结。

2. 小综述

　　"小综述",通常指各类研究型论文的第一部分中的文献综述。可以是属于引言(绪论)的一部分,也可以单独成章。小综述是学位论文的重要组成部分,它的好坏直接关系着学位论文的成功与否。

　　小综述的主要目的不是向其他人介绍学术前沿成果,而是推出自己的观点和论述,是以述带论,说明某主题的现有研究状况、缺陷,以及作者准备做的贡献是什么。

　　以《基于高维稀疏聚类的知识结构识别研究》这篇论文[4]为例,第一段介绍了研究背景和意义,第二段介绍了主要概念,第三段及之后几段就进行了文献综述(图 5-2)。

　　小综述属于研究型论文的一部分。研究型论文的基本结构包括:题目、作者及机构、摘要、关键词、引言(含文献综述)、研究方法、结果及分析、结论、参考文献。其中,文献综述经常被包含在引言部分,用以分析得到这篇研究型论文的落脚点和选题可行性。

　　想要成功发表一篇大综述是比较难的,不建议入门学者把目标定位在成功发表一篇综述型论文。撰写小综述是必不可少的,平日里要锻炼写文献综述的能力。可以说,撰写文献综述是进行学术研究的基本功。做好文献综述,研究工作就完成了一半。

图 5-2　《基于高维稀疏聚类的知识结构识别研究》的文献综述部分

◆ 5.3　撰写文献综述的目的和意义

1. 撰写文献综述的目的

文献综述的目的,是在较短时间内使研究者和读者了解相关领域的研究现状(优势和不足),以及以前的研究与作者目前的研究有何联系。

要根据研究目的组织文献综述,主要围绕作者所研究的问题、研究目标、概念框架、方法或程序等方面,广泛搜集相关文献进行综合阐述。

通过文献综述,研究者可以了解他人研究成果,分析其成功和不足之处,为自己和别人在该领域的进一步研究和拓展奠定基础。

2. 撰写文献综述的意义

(1)通过撰写文献综述,研究者可以告诉读者当前这篇文章的研究是"接着"谁的什么研究"做",研究是"站在了哪些前人的肩膀上"。

(2)通过撰写文献综述,研究者可以在搜寻整理文献的过程中,避免研究的盲目性或重复前人的研究,提高研究效率。

(3)通过撰写文献综述,研究者可以进一步确定研究中涉及的一些理论和概念,让研究者参与到与其他人的学术对话当中,为论文写作奠定一个坚实的理论基础。同时,也可作为研究设计构思和研究结果探讨的参考依据,保证研究的顺利进行。

(4)撰写文献综述,有助于展示研究者对已有研究成果的归纳整理和综合分析能力,从而提高对论文水平的总体评价。

(5)在论文评审时,审稿人在阅读完题目、摘要和关键词之后,正文部分最先看的就是文献综述。审稿人会根据文献综述的撰写情况来判断研究者的选题是否具有一定水平,提炼问题是否具有科学性。文献综述是帮助审稿人判断作者对这个领域理解深度的一个重要途径,因此,文献综述不能写"外行话"。

(6)研究是动态的,通过梳理和总结相关的研究成果,把各种思想综合起来,了解不同的理论和观点,从而界定自己的研究问题、研究内容,形成自己的研究结论,加深对研究的理解。

◆ 5.4　撰写文献综述的原则

撰写文献综述,有以下几个原则。

1. 为我所用原则

文献综述不是对以往研究成果的简单罗列和堆砌,应当是围绕某一领域和研究方向,通过对大量一次文献进行搜集、阅读、分析、归纳,从中选择与自己研究选题最为相关的文献进行综述。文献综述应当经过认真阅读理解之后,系统地总结相关研究领域在某一阶段的进展情况,并结合实际需要提出自己的见解。此外,文献综述的撰写,需要研究者用自己的语言介绍清楚作者的观点,语言要精练、准确、客观。

2. 相关性原则

文献综述围绕自己的研究主题,搜集到与本研究最相关的直接文献,将前人的研究发展跟自己拟进行的研究连接起来,把自己的研究建立在相关领域背景文献的基础之上。如果直接文献很少的情况下,可以考虑使用间接相关的研究成果进行文献综述。

3. 贯穿始终原则

文献综述是一个动态持续的过程,从研究选题开始直至研究完成,都要对文献进行综述和引用。在研究问题确定之前,文献搜集已经开始。在研究问题确定之后,需要撰写引言或者单独的文献综述。在结果的分析论证、得出发展和最后结论部分,也可以用相关领域权威的理论和观点进行分析。

◆ 5.5　撰写文献综述的方法与特征

5.5.1　撰写文献综述的方法

1. 内容分析法

撰写文献综述,通常采用内容分析法,即在了解文献内容基础上进行综述。要回答清楚几个问题:Who,即谁说过这个问题,通过文献检索,研究者可以回答这个问题;What,即前人针对这个研究说过什么,通过将已有研究按观点是否相同来进行观点分类等操作,研究者可以回答这个问题;How,即前人是怎么说的,通过讲述采用何种方法阐述前人观点,研究者可以回答这个问题。这样通过何人、何时、怎样说过,就将研究的时空演化、学派讲述清楚了。

采用内容分析法进行文献综述包括以下三部分(注意,不是三大段落)。第一部分:交代文献综述的原因、意义和文献的范围,总结目前的研究包括几方面。第二部分:对这些方面分别进行阐述。介绍某个研究问题的历史、现状、基本内容以及分析研究方法,以便让读者了解自己研究的切入点和在前人研究成果基础上有何创新。第三部分:总结已解决的问题和有待解决的问题,论述研究成果的影响、发展趋势及对自己研究的启示。其中,第二部分对已有研究的分方面阐述,有以下四种常见的结构安排。

(1) 按照综述对象的不同构成部分组织章节。

综述对象一般是某个研究领域及其组成部分。

例如,《聚类算法研究》这篇大综述[8]中首先指出算法研究,主要包括三种类别:"层次聚类算法""划分式聚类算法""基于网格和密度的聚类算法"。其余的类别归为"其他聚类算法"。"层次聚类算法"从原理、具体规则、示例来论述,包括层次聚合算法、传统聚合规则、新层次聚合算法。

(2) 按照综述对象自身的发生、发展顺序组织章节。

综述所涉及的研究领域,各组成部分之间存在明确的发生、发展顺序。

例如,在服务质量管理研究中,研究对象有如下发展顺序:服务消费→服务质量感知→满意度→未来消费倾向。不同研究者的研究重点可能各不相同,有些侧重于研究前两者之间的关系,另一些侧重于研究中间两者之间的关系,还有的侧重于研究后两者之间的关系。可以按照不同的侧重点和研究对象发生关系的先后顺序来进行综述。

(3) 按照主要的研究范式、学术流派、研究视角或观点组织章节。

许多学科在发展过程中会出现不同的研究范式、学术流派,针对同一研究问题或研究对象也会形成较多的研究视角和学术观点。

例如,产业组织理论研究就有新旧两种研究范式,新范式与旧范式在研究重点、研究方法、实证研究基础等方面都存在较大的差异。再如,服务管理研究存在北美和北欧两个主要的学术流派,两者在研究思路和研究方法上也有较大的差异。又如,战略人力资源管理可以基于不同的研究视角,分为人力资源规划与评价、人力资源管理与战略匹配以及人力资源与组织结构契合三方面。

(4) 按照研究阶段或时期组织章节。

随着研究对象自身的演进、研究需要的变化以及研究方法的改进,同一研究领域在不同时期的研究思路和重点会出现较大的差异,按照研究阶段(时期)对文献分类并进行综述,可以帮助研究者勾勒出文献综述所涉及领域不同发展阶段的清晰轮廓。

例如,对企业竞争战略进行综述,从竞争战略研究的早期文献到"结构-行为-绩效"分析模型,然后到战略定位,最后再到资源观和动态能力观,把竞争战略研究数十年的发展脉络梳理得一清二楚。

在完成章节安排的基础上,接下来需要将一次文献的内容转换为文献综述的内容。理想状态是进行高水平的小结,即作者要吃透一次文献的意思,用自己的语言来概括表述。撰写集成性文献综述(integrative reviews),需要辨析概念间关系、寻找研究直接的相同点、关联历史研究,可以多看一次文献的摘要、引言;而撰写描述性文献综述(descriptive reviews),需要描述清楚研究方法、评估方法、实验结论,可以多看一次文献的实验方法和结果部分。以笔者的《面向科研服务的多层次作者分析模型及实证研究》这篇论文[22]为例,在"1 引言"部分,将已有学科服务的发展历程,以时间为主线串联起来,使得这些参考文献为作者表述服务(图 5-3)。

图 5-3 文献综述示例

2. 统计学分析法

进行文献综述的另一种方法是对研究问题涉及的文献进行统计学分析,属于文献计量学分析。需要描述清楚查找文献所使用的关键词、文献源及数量,对搜集到的文献进行查重、清洗等预处理后,进行文献的统计学分析。对文献进行计量,常用的分析包括如下几点。

(1) 文献的年度数量分布,由此看出对该问题的研究是否呈现繁荣之势。

(2) 文献的作者分布,由此找到领域的核心人物及其研究的方法。

(3) 文献的类型分布,由此查看文献领域的探索性、描述性、解释性研究的比例如何。

此外,还可以分析文献的期刊分布、文献的机构分布等。

如果对文献进行全方位文献计量,一般篇幅较长,学位论文中可以使用此方法。文献计量学是图书情报学领域的一门专业课,限于篇幅,不展开讲述。感兴趣的同学可以检索相关资料阅读和学习。

5.5.2 撰写文献综述的特征

文献综述具有内容和形式上的特征。

1. 文献综述的内容特征。文献综述要体现内容的综合、语言的概括、信息的浓缩、评述的客观。这几点不容易马上做到,需要在日常生活中慢慢磨炼和体会。

2. 文献综述的形式特征。从形式上看,一篇论文绝大部分参考文献产生地都在文献综述部分。另外,综述型论文的标题一般直接反映其综述类型。题目中包含"综述""概述""述评""评述""进展""动态",或是"现状、趋势和对策""分析与思考"等文字的论文一般都是综述型论文。

◇ 5.6 撰写文献综述易出现的问题

撰写文献综述容易出现的问题包括如下几点,希望读者可以避免。

1. 文献综述的内容与本课题关系不密切。文献综述要求比较全面地反映与本课题直接相关的国内外研究成果,尤其是近年来的最新成果和发展趋势,指出该课题需要进一步解决的问题或提出相关的评议。

2.文献综述的文献数量过少。如果找不到足够多的合适的文献是没有办法将研究现状阐述清楚的。对于学士毕业论文的参考文献要求是至少 10 篇,硕士毕业论文的参考文献要求是至少 30 篇,博士毕业论文的参考文献要求是至少 100 篇。如果是专门的综述型论文,其参考文献至少是 50～100 篇。这些还只是列在参考文献列表中的篇数要求,检索和阅读的文献量远远不止这么多。

3.文献综述的内容过于陈旧。文献综述要求能够反映近年来的最新成果和发展趋势,应该多阅读本领域的高水平会议论文,因为高水平会议论文研究成果发表及时、发表周期较期刊论文短、能够反映最新成果。一般认为,近 5 年文献要占三分之一以上,尤其计算机等快速发展的工科领域更是如此。

4.文献综述的内容不够全面。文献综述要求能够全面地反映某领域的研究成果和发展趋势,因此不应该缺少权威文献,要多引用核心期刊文献,也不应该缺少英文文献,即使撰写中文论文其引用的英文文献一般也要占十分之一以上。

5.文献综述中“评”的部分缺失、过少或不够客观。文献综述不应该只是完全照搬所引用的原文,要有自己的提炼和总结。应该有评述部分,讲前人成果的优缺点。务必注意参考文献的引用。文献综述虽然是为了引出自己的研究,但不能贬低前人研究成果而抬高自己研究的价值,尽量不用“填补空白”“开创先河”这样的词语形容自己拟做的贡献。

6.只是简单罗列文献,未将文献有机整合。在研究型论文中,不应该简单地将阅读过的文献按照标题堆砌在一起。文献综述应该是一个论证的过程,向读者证明是“接着做”或“原创”,而不是“照着做”。

> 【小建议】
>
> 　　在没有掌握足够专业知识和研究方法时,建议从撰写具有雏形的综述型论文开始。

◆ 5.7　扩　展　阅　读

撰写综述型论文一般包括以下步骤。

1.确定综述型论文的研究主题,最好用 2～3 个关键词来描述。

2.根据研究主题,检索相关文献。

3.阅读文献,在阅读基础上标记文献优先级,并对文献分类管理(建议使用文献管理软件)。找出哪些文献采用精读以进一步提炼观点,哪些文献采用通读以掌握研究过程,哪些文献采用泛读以掌握大概含义。

4.确定综述型论文的写作提纲,提纲要达到二级标题,重点章节的思考要点要达到三级标题,要突出重点、关注热点、展望难点。

5. 撰写综述型论文的主体部分,注意采用适合的结构安排方法和参考文献的引用。

6. 撰写引言(一般不超过 500 字)和结论(对综述进行凝练、对研究发展的展望)。

7. 撰写摘要(不超过 250 字)。

8. 完善参考文献。

9. 不断修改润色。

◇ 5.8 小 结

进行文献综述是撰写学术论文的必备技能和关键环节。文献综述是对已有研究现状的一次梳理,作者要能够从自己的角度阐述已有研究做了哪些方面、解决了哪些问题、采用了什么方法、各种方法的优缺点是什么。综述型论文和研究型论文的文献综述撰写重点不同,前者重点在系统性、全面性,后者则重点在讲清楚一两个研究的空白点从而引出作者拟定要做的研究。

撰写文献综述的能力不是一蹴而就的,需要通过日常写作不断练习。

◇ 5.9 练 习 题

请你结合检索实践和选题,基于目前的文献搜集与整理,试着对这些文献进行综述,撰写一篇综述型论文的写作提纲,要求在引言之后、结论之间的章节至少包含两个一级标题,某个一级标题下至少包含两个二级标题,以体现思考的深度。

第6章

科技论文基本研究方法

在本章之前,读者已经了解了学术论文的结构,并且已经对综述型论文的写法有一定了解。本章主要介绍科技类研究型论文的基本研究方法。

◇ 6.1 学习目标

1. 了解实证研究的含义和基本概念
(1) 知晓实证研究的含义和基本步骤;
(2) 了解实证研究方法的分类;
(3) 理解实证研究中的基本概念。
2. 了解实验研究法的基本思路
(1) 了解实验的程序流程;
(2) 理解实验组和控制组的作用;
(3) 知晓常见的两组实验设计和三组实验设计。
3. 以问卷调查法为例了解统计调查法的思路
(1) 了解统计调查研究(尤其是问卷调查法)的含义;
(2) 熟悉问卷调查法的五步流程。
4. 理解撰写研究型论文的基本结构和层次

◇ 6.2 实证研究概述

6.2.1 实证研究的含义及基本步骤

科技论文中经常采用实证研究。实证研究,是通过对研究对象的调查、观察所获得的数据、资料(包括二手的数据资料)进行统计分析,构造数量模型,得出变量之间的相互关系和演变规律的研究方法。实证研究要求以系统的、严格的方法和程序去获得资料来说明现象。通过实证研究,得出针对深层原因的、改造客体的对策。

实证研究的基本步骤是,首先针对研究目的提出问题或假设,然后采用系统方法开始程序性研究,最后得到问题的答案(图 6-1)。

目的 ——————→ 程序 ——————→ 结果
（问题或假设）　　（系统方法）　　（问题的答案）

图 6-1　实证研究的基本步骤

6.2.2　实证研究方法的分类

实证研究方法可以有多种分类。按照获取数据的方法，实证研究方法可以分为实验研究和非实验研究。

1. 实验研究

实验研究是科技论文写作的基本研究方法。实验是得出科学结论的一种十分重要的方法，在 6.3 节进行详细介绍。

2. 非实验研究

非实验研究包括统计调查研究和无干扰研究两大类。在统计调查研究中经常使用问卷调查法和访谈法，其中问卷调查法的应用非常广泛，很多学科都可使用。无干扰研究中，文献是重要途径，研究通过撰写文献综述方法进行，例如进行文本分析、现有统计数据分析、历史分析、比较分析等。

6.2.3　实证研究分析的基本概念

1. 变量和属性

变量（Variables），是具有可度量性的概念，其在幅度上和强度上的变化程度可加以度量。例如，工作满意度、劳动生产率、产品质量、自主学习能力，这些都是变量，其程度可以度量。

属性（Attributes），是指客体的某种特性。例如，描述一个人的特性时，对于性别这一属性，属性值是"男"或"女"，而各占的比例是变量；对于职业这一属性，属性值是"农民""教授""飞行员"等，各占的比例是变量。

2. 变量的类型

（1）自变量（Independent variable），是影响或决定因变量的变量，是因变量发生变化的前提和原因。在变量分析中，自变量的属性值将不受其他变量影响而独立给定。

（2）因变量（Dependent variable），是由其他变量引起变化或决定的变量，对自变量的变化做出响应。

例如，研究产品质量和工人教育程度的关系，结论是，受教育程度越高，生产出的产品质量越高。其中，自变量是受教育程度，因变量是产品质量。

但是变量不是在任何场景下一成不变的。一个变量在某种情况下可作为自变量处理，而在另一种情况下可作为因变量处理。例如，在研究产品质量和工人教育程度的关系时，受教育程度是自变量，产品质量是因变量。但若分析产品销售额与产品质量的关系时，产品质量就变为自变量。

一般而言，因变量是研究者企图解释或探索其属性变化原因的变量。

（3）中介变量（或称控制变量，Mediating variable），是遏制或调节自变量对因变量影响程度的变量。

自变量和中介变量往往同时存在,并对因变量产生影响(图 6-2)。例如,当孩子妈妈(自变量)叫孩子做作业(因变量)时,可能没有任何效果(直接影响),但是孩子妈妈的态度会影响孩子爸爸(中介变量)的态度,爸爸一出手,孩子(因变量)瞬间就老实了,乖乖去写作业。

图 6-2 自变量和中介变量对因变量产生影响示例

变量分析中,中介变量作为一种状态或条件存在,它的属性不发生变化。

3. 变量间关联的性质分类

(1) 相关关系,指变量之间存在互动或对称关系,两个变量共同发生变化,但并无根据认定某变量变化是由另一变量引起,或者很可能两个变量的变化是由其他变量引起。

例如,手机质量和用户满意度之间是相关关系,但是用户满意度不仅和手机质量有关,还和售后服务等因素有关。

(2) 因果关系,指一个变量的变化明确地是由另一个变量的变化所引起。自变量是原因,因变量是结果(图 6-3)。因果关系分析经常离不开中介变量。

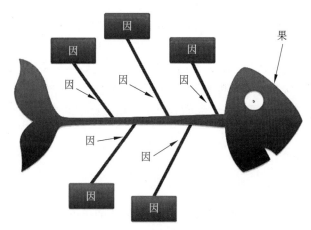

图 6-3 因果关系示例

例如,引起火灾的因素有电线短路、附近有易燃品、无有效灭火系统等。其中,自变量(原因)就是提到的引起火灾的因素(如电线短路),因变量(结果)是火灾,中介变量(条件)是易燃品、灭火系统等。

(3) 虚无关系,指两变量之间不存在互动关系。

【动手做一做】

无论是什么科目的数据分析,最好都具备一点统计学知识。请读者阅读统计类教科书或者科普图书进行学习,了解以下统计名词的含义。

- 常用统计表和图
- 常用统计参数
- 抽样理论和参数估计
- 假设检验
- 方差分析
- 回归分析
- 聚类分析
- 主成分分析
- 因子分析

◆ 6.3 实验研究法

6.3.1 实验研究的概念

实验研究,是一种受控的观测方法,通过一个或多个自变量的变化,来评估它对一个或多个因变量产生的效应。

实验是获得科学结论的一种十分重要的方法。实验可以分为现场实验、实验室实验、准实验(未严格排除外部因素的实验)、纯实验四个类别。例如,传统认知上在实验室进行物理实验、化学实验是实验,计算机领域利用建模软件进行系统仿真也是实验。再如,进行管理学领域的某项营销研究,研究一个商场的客流量、商场规模、商场在城市中的位置、商场所在城市的交通状况这几个因素是否以影响及如何影响广告效果,这也是一种实验。无论是何种实验,研究必须遵循一个原则:科学的结论必须是可重复的,即实验应该是可以复现的。

6.3.2 实验的程序

进行实验的程序如下。

(1)设定一个关于自变量和因变量之间因果关系的假设。

(2)确定一个合适的实验设计。

(3)决定如何引入实验刺激,或如何创造一种引入自变量的环境。

(4)选取一种有效的和可信的对因变量的测量方式。

(5)建立实验环境,对实验刺激和因变量进行预实验。

(6)选取合适的实验对象。

(7)随机选派对象到不同的实验组。

（8）实施前测。

（9）对实验组给予实验刺激。

（10）进行后测。

（11）数据处理。

下面对其中的关键概念和步骤依次进行讲解。

6.3.3　实验处理

控制行为都是作用于自变量,自变量中有研究对象也有研究变量,研究者期望弄清楚自变量的变化对因变量产生的效应。实验处理(或实验刺激),就是研究者对自变量施加的控制行为。对于非研究对象的自变量,实验中也不可忽视,需要保持这些变量无变异。

实验组,是接受实验处理的一组研究对象或自变量。例如,想要研究红墨水滴对植物光合作用的影响,那么施加了红墨水滴的那组装置就是实验组(图 6-4)。

6.3.4　实验变异

实验变异,是指研究者关心实验组的变化所引起因变量的变异。

因变量的变异来源有实验刺激、测量误差、随机干扰、未接受实验刺激的其他自变量四种。

外部变异,是指由实验刺激之外的因素引起的因变量的变异。很显然,应当在实验中消除外部变异,消除方式就是引入控制变量和控制组。控制变量,是指在实验过程中其值保持不变的自变量。引入控制变量的目的就是使非研究变量对因变量产生的影响最小。控制组,是指未接受实验刺激的一组研究对象。实验结束时,比较实验组和控制组,便可以看出实验刺激产生的差异。控制组提供了测量实验变异的参考点。控制组的设置目的就是用于排除各种外部变异源(包括研究者未发现的因素)对因变量的影响。例如,想要研究红墨水滴对植物光合作用的影响,那么未施加红墨水滴的那组装置就是控制组(图 6-5)。

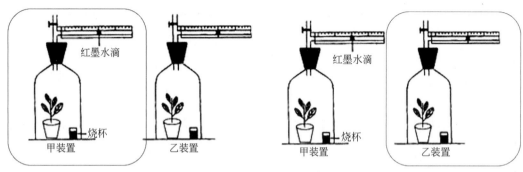

图 6-4　实验处理中的实验组示例　　　　图 6-5　实验处理中的控制组示例

消除外部变异的思路是:首先,使实验组和控制组在实验过程中全都处于同一条件下，只是实验组研究变量接受了实验刺激；然后，因变量在实验前后数值的变化，应该完全来自研究变量接受实验刺激的结果；最后，判断因变量实验前后的差异是否只来自实验刺激，还需要比较实验组和控制组实验结束时的状态。

6.3.5　实验设计

实验设计，是对实验内容和步骤的规划。实验设计要明确实验做什么、实验何时做、实验对象是什么。

一个合格的实验设计要满足两项功能要求：一是能够表明自变量对因变量的效应，得以验证所提出的假设；二是能够排除实验结果的其他可能的解释。

经典实验设计的步骤是：前测，引入自变量，后测，将前测结果与后测结果进行比较，即实验组进行"前测—实验刺激—后测"操作，而控制组进行"前测—后测"操作。

所罗门三组实验设计指出，由于前测本身也可能是一种实验刺激，因此需要排除前测的影响，即分为实验组、控制组一、控制组二。实验组进行"前测—实验刺激—后测"操作，控制组一进行"前测—后测"操作，控制组二进行"实验刺激—后测"操作。

进行实验设计需要注意以下几点：

（1）必须建立变量之间的因果假设；

（2）自变量必须能够很好地被孤立；

（3）自变量必须能够被操纵，既可以引入，也可以移除；

（4）实验程序和操作必须能够重复进行；

（5）必须具有高度的对变量和环境的控制能力，控制是实验的灵魂。

6.3.6　实验对象的选择和分组

实验对象的选择应当遵循匹配原则，即尽量使各组实验对象在各个特征上都没有显著性差异。例如，年龄、性别、文化程度、收入水平、健康状况等特征属于可能影响因变量的因素，尽可能要绝对匹配。

实验对象的分组，如果采用随机分组，应当使用抽签、单双号、抛硬币等形式。

【动手做一做】

实验研究的思想，不仅广泛应用于科技类论文，在教育学、管理学、语言学等领域也有深入应用，是一个普适性的研究思想。请读者检索如下几篇心理学领域论文，体会一下实验研究的应用场景和作用。

- 《家庭社会经济地位对小学生阅读自主性的影响：父母鼓励和阅读动机的中介作用》
- 《心理素质和自我概念的链式中介作用》
- 《中国学生英语能力与汉译英能力关系的实证研究》

6.4 统计调查研究法

6.4.1 统计调查研究的含义

统计调查研究，是以研究样本（被调查者）回答问题的数据为基础，辨析总体现状的研究方法。统计调查研究主要包括问卷调查法和访谈法。采用实证主义方法论的研究者较多使用问卷调查法，目的是从被调查者处了解情况、征询意见、获得反馈，用以验证理论或者研究假设。

问卷调查的形式可以是现场调查、电话调查、邮寄调查、网络调查等（图6-6）。

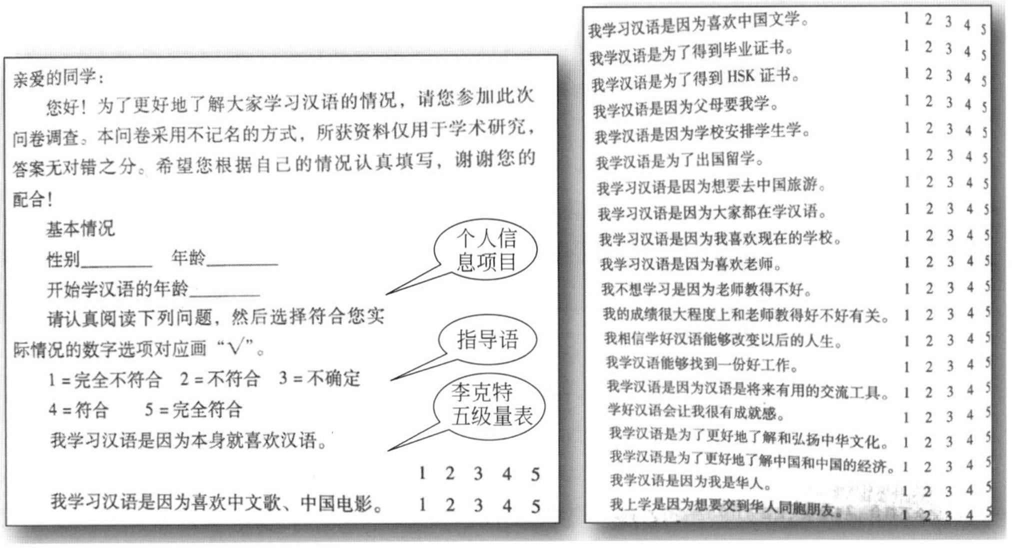

亲爱的同学：

您好！为了更好地了解大家学习汉语的情况，请您参加此次问卷调查。本问卷采用不记名的方式，所获资料仅用于学术研究，答案无对错之分。希望您根据自己的情况认真填写，谢谢您的配合！

基本情况

性别________ 年龄________

开始学汉语的年龄________

请认真阅读下列问题，然后选择符合您实际情况的数字选项对应画“√”。

1 = 完全不符合 2 = 不符合 3 = 不确定

4 = 符合 5 = 完全符合

我学习汉语是因为本身就喜欢汉语。 1 2 3 4 5

我学习汉语是因为喜欢中文歌、中国电影。 1 2 3 4 5

我学习汉语是因为喜欢中国文学。 1 2 3 4 5

我学汉语是为了得到毕业证书。 1 2 3 4 5

我学汉语是为了得到HSK证书。 1 2 3 4 5

我学汉语是因为父母要我学。 1 2 3 4 5

我学汉语是因为学校安排学生学。 1 2 3 4 5

我学汉语是为了出国留学。 1 2 3 4 5

我学习汉语是因为想要去中国旅游。 1 2 3 4 5

我学习汉语是因为大家都在学汉语。 1 2 3 4 5

我学习汉语是因为我喜欢现在的学校。 1 2 3 4 5

我学习汉语是因为喜欢老师。 1 2 3 4 5

我不想学习是因为老师教得不好。 1 2 3 4 5

我的成绩很大程度上和老师教得好不好有关。 1 2 3 4 5

我相信学好汉语能够改变以后的人生。 1 2 3 4 5

我学汉语能够找到一份好工作。 1 2 3 4 5

我学汉语是因为汉语是将来有用的交流工具。 1 2 3 4 5

学好汉语会让我很有成就感。 1 2 3 4 5

我学汉语是为了更好地了解和弘扬中华文化。 1 2 3 4 5

我学汉语是为了更好地了解中国和中国的经济。 1 2 3 4 5

我学汉语是因为我是华人。 1 2 3 4 5

我上学是因为想要交到华人同胞朋友。 1 2 3 4 5

图6-6 问卷调查示例

6.4.2 问卷调查法概述

问卷调查法，是指通过从总体中抽取样本，以问卷形式提出问题来获取信息，并将反馈作为数据进行分析。

问卷由各类问题和量表构成。问题设置的目的是获取相关变量的数据，以便研究变量之间的相互关系和演变规律，达到研究目的。如果问卷没有包括一个重要的变量，研究者就无法研究这个变量与其他变量之间的相互关系，特别是因果关系，进而也得不到基于这个因果关系的演变规律。可以说问卷的深度决定了研究的深度。

问卷的应用非常广泛。可以通过问卷来搜集事实，如汉语教师志愿者情况，留学生汉语学习观念，不同水平学生的识字量、学习风格、学历策略等；也可以通过问卷来搜集态度，如学习动机、教材满意度等；还可以通过问卷来搜集行为，如跨文化适应等。

6.4.3 问卷调查法的优点

采用问卷调查法,能够对被调查者的特性进行客观描述,即对研究对象不进行任何干预,是一种自然状态下的研究,不期待通过调查去改变研究对象的看法和行为。

问卷调查的对象一般是随机抽取的,用相对低的成本实现大样本数据采集,涉及范围较广,提高了研究地域上的灵活性,能够反映一个群体的整体特征和总体趋势,具有广泛的代表性。

此外,问卷调查容易管理和执行,能够收集各种类型的数据,在时间上有一定的灵活性。

6.4.4 问卷调查法的缺点

实际上,想要完成一个有效的问卷并不容易。问卷设计的科学性不容易达到,问卷设计涉及环节多、整体性强、环环相扣,一旦设计方案确定,后期调整的余地较小。

此外,被调查者的回答是否真实无法确定。凡是应答结果与应答者利益直接相关时,所设立的问题就有可能得不到诚实回答。凡是得不到诚实回答的问题,都不应当设置在问卷中。凡是怀疑得不到诚实回答的问题,应当在问卷的不同地方设置相似或相反的问题,以核实应答是否一致。

6.4.5 问卷调查法的流程

问卷调查法的流程一般包括以下几步。

1. 提出研究问题

将研究问题涉及的抽象的概念具体化,细化为具体的、能够回答的小问题,根据细化的问题设计问卷。例如,想要研究"缅甸腊戍地区汉语教学现状",可以细化为腊戍地区课程设置及汉语教学情况如何、腊戍地区学生汉语学习动机如何、腊戍地区汉语师资队伍现状怎样、腊戍地区汉语教学情况如何这四方面。再如,想要研究"教学反思与汉语国际教育硕士职业发展",可以细化为来自不同专业背景的汉语国际教育硕士的反思意识是否有差别、汉语国际教育硕士在成长过程中通过哪些方式进行反思这两方面。

2. 选择研究对象

研究对象的选择一般采用随机抽样,以保证样本具有代表性。

3. 进行问卷设计

问卷设计要基于清晰的理论框架,文献回顾是建立理论框架的基础。

进行问卷设计要注意以下几点:

(1) 问卷要撰写简明扼要的指导语,根据研究需要设计必要的个人信息项目;

(2) 要讲究问卷的外观,包括纸张、字号、字体、排版、编号、预留空间;

(3) 问卷要控制好长度,以保证答卷质量,否则会降低反馈率;

(4) 问卷中的问题要具体,问题的表达力求清晰,避免引起歧义;

(5) 可以把简单的问题放在问卷开头部分,逐渐增加问题的复杂性。

问卷的评估原则有:目的性原则,即要重点突出;可接受性原则,即要取得被调查者的合作;顺序性原则,即问题排列要有序;简明性原则,即用语要简明扼要;匹配性原则,即要便于数据处理和分析。

设计问卷中的问题,可以从以下四个维度来确定。

(1)研究目的。要从研究目的出发,进行问题分析,以确定所要测量的变量和问卷中的问题。

(2)文献阅读。在对相关研究文献的阅读中,如果发现有些观点、结论在新的时间、空间中可能不成立,就可以在问卷中设置相关的问题,收集数据,证伪或证实相应的观点、结论。

(3)对变量间相互关系的假想。

(4)数据处理方法。如题型、量表设定多少个备选等级等。

4. 实施问卷调查

为保证问卷质量,在正式实施前最好进行试测,如在相似人群中试测,并访谈部分研究对象,检查他们对问卷的理解与设计本意是否存在偏差,然后根据试测的反馈意见修改问卷,进一步完善。

5. 进行问卷数据分析

利用统计软件,进行各类别的信度校验,对相关数据进行处理。

【动手做一做】

能够进行基础的统计分析已经成为很多学科的基础性技能。针对问卷数据进行统计分析的软件工具有很多,既可以是可视化操作软件,如 Excel、SPSS、Eviews、Stata 等;也可以是编程语言,如 R、Python、Julia 等。只要能够掌握一种即可。请读者根据所选的统计学基础书籍,开始动手分析吧!

◇ 6.5　相关问题的讨论

虽然科技论文涉及众多学科,但也存在研究型论文基本结构确定、研究方法选择等共性问题。

6.5.1　研究型论文的基本结构和层次

研究型论文的基本结构包括题目、作者及机构、摘要、关键词、引言、研究方法、结果及分析、结论和参考文献。其中的“研究方法”部分可以细化为四部分:问题的提出、必要的理论背景、研究方法及过程、实验结果及分析。注意,此处四部分不代表章节标题,只代表层次构成。研究型论文的章节安排要为研究目的服务,视内容情况进行分章、分节。

以一篇研究型论文《基于高维稀疏聚类的知识结构识别研究》[4]为例(图 6-7)进行说明。

(1)问题的提出。论文要准确写出所研究对象的特征,可以视情况将部分内容放在

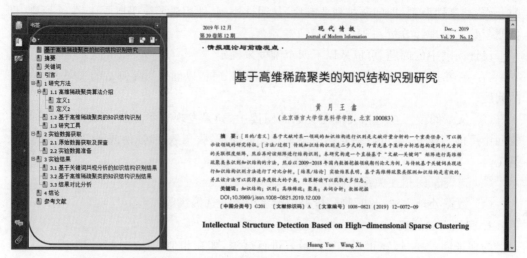

图 6-7　研究型论文《基于高维稀疏聚类的知识结构识别研究》的章节安排

引言的末尾。要交代清楚本文所研究问题的大背景，以数学描述方式给出本文所研究问题的实质，写出本文研究所针对的适用范围及拟达到的目的。《基于高维稀疏聚类的知识结构识别研究》一文中，在引言的最后一段给出了研究对象的高维稀疏特征（图 6-8）。

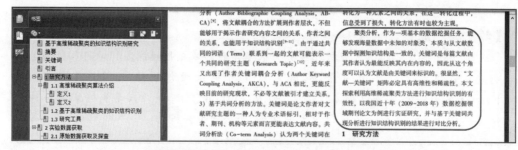

图 6-8　《基于高维稀疏聚类的知识结构识别研究》中问题的提出

（2）必要的理论背景。论文要介绍下面研究用到的理论基础，目的是表示尊重他人研究成果，同时指出文章理论基础的正确性。此外通过引用参考文献，减轻写作压力，将写作重点放在作者自身的研究内容上。注意对已有的理论知识（即关于他人研究成果的描述）不能比文章自身的研究内容所占的篇幅还多，否则就有抄袭的嫌疑。"点到为止"，并且要注意引用参考文献。《基于高维稀疏聚类的知识结构识别研究》一文中，在"1 研究方法"的"1.1 高维稀疏聚类算法介绍"节对文章基于的理论基础进行了引用和概括（图 6-9）。

（3）研究方法及过程。论文要介绍本文理论的完善或提高方面的内容。这部分要充分体现作者对于研究的贡献，通常要出现理论方面的一些公式推导。理论的正确性是作者首先要保证的；不要生搬硬套，实事求是即可。如果篇幅较长，应注意层次标题的运用。如果理论研究方法相对复杂，应首先在这一写作环节的第一个自然段将研究思路概述一下，再分成几个小标题分别讨论。要注意各个小标题含义上的并列或递进关系。《基于高维稀疏聚类的知识结构识别研究》一文中，在"1 研究方法"的"1.2 基于高维稀疏聚类的知识结构"节对这篇文章提出的方法进行了介绍（图 6-10）。

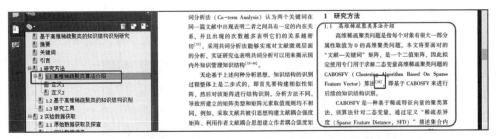

图 6-9　《基于高维稀疏聚类的知识结构识别研究》中必要的理论背景

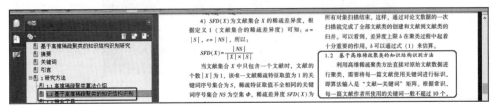

图 6-10　《基于高维稀疏聚类的知识结构识别研究》的研究方法及过程

（4）实验结果及分析。实践是检验真理的唯一标准，必须提供实验结果及其分析。在实验结果部分要交代实验目的、实验对象、实验设计或过程、实验数据，并进行实验结果分析。《基于高维稀疏聚类的知识结构识别研究》一文中，通过"2 实验数据获取"和"3 实验结果"两个一级标题章节进行实验结果介绍及结果分析（图 6-11）。

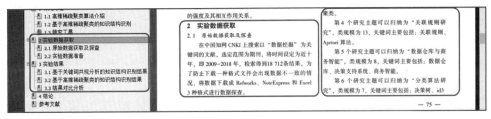

图 6-11　《基于高维稀疏聚类的知识结构识别研究》的实验结果及分析

6.5.2　研究方法的选择

有关研究方法的分类、争论很多，各研究方法之间不是非此即彼。

研究中具体应该使用什么方法取决于采用的方法论和提出的研究问题，也取决于研究者的学科领域和世界观。可以从以下几方面考虑：研究问题的类型、研究者对研究对象的控制能力、研究者关注的重心、研究者能够获取的材料或利用的资源。

在确定采用哪种方法论和具体的研究方法时，最重要的一点是确信这些方法会帮助自己解决研究问题并得出结论。

◆ 6.6　扩展阅读

霍桑实验，是一系列在美国芝加哥西部电器公司所属的霍桑工厂进行的心理学研究。当时关于生产效率的理论中占统治地位的是"劳动医学"的观点，即决定工人生产效率的是疲劳和单调感等,于是当时的实验假设便是"提高照明度有助于减少疲劳,使生产效率提高"。可是经过两年多实验,人们发现照明度的改变对生产效率并无影响(图 6-12)。

图 6-12　霍桑工厂

◇ 6.7　小　　结

科技论文涉及学科众多,无法在一章内对所有研究方法进行介绍。本章对科技论文中实证研究的实验研究和统计调查研究法的基本概念、基本思路进行了着重介绍,为后续撰写研究型论文打下一个基础。但仅靠本章介绍的基本研究方法是不够的,还需要配合其他专业知识,才能完成研究型论文的撰写。

◇ 6.8　练　习　题

1. 请根据所在专业,检索至少两篇研究型论文,查看其研究方法及引言之后、结论之前的章节安排。

2. 定性研究(Qualitative research)和定量研究(Quantitative research)是对研究方法的一个常见分类。请检索相关信息,并用自己的话概括二者的区别。

第 7 章

撰写科技论文的写作技巧和规范

学术论文的规范性是本书的讲授重点,决定一篇学术论文是否"神形兼备",即"形"表示要有必要的部分,"神"用来明确体现句子的作用。

◆ 7.1　学习目标

1. 掌握引言的内容
2. 掌握顺序编码制的参考文献引用方法
3. 掌握结论的内容
4. 掌握标题的要求和英文标题的写法
5. 掌握署名和单位的写法
6. 掌握摘要的写法
7. 掌握关键词的写作
8. 能够根据类似文献确定分类号和文献标识码
9. 了解致谢和附录的写法

◆ 7.2　如何撰写引言

俗话说"万事开头难",写学术论文要学会撰写一个有效的引言,因为编辑和审稿人阅读论文时是从论文引言开始的。

7.2.1　引言的含义

引言(Introduction),也叫前言、序言、绪言、导言、引论、导论、绪论、序论、导语等,是学术论文的开场白,用于言简意赅地提出问题。

引言可以单独成为论文的一个章节,可以根据情况包含或者不包含文献综述,也可以只是正文之前的一段起到引论作用的文字(图 7-1)。

7.2.2　引言的作用

引言的作用在于"开宗明义",即介绍必要的研究背景和研究现状,指出现在研究中存在的问题,在此基础上点明研究主题,最后概括介绍整篇论文的内容安排,从而为后续更好地阐述、分析研究结果,分析结果产生的原因及其意义

第一种：	第二种：	第三种：
题目	题目	题目
摘要	摘要	摘要
关键词	关键词	关键词
一、引言（含文献综述）	一、引言（不含文献综述）	起引论作用的文字
二、研究内容	二、文献综述	一、文献综述
……	三、研究内容	二、研究内容
参考文献	……	……
	参考文献	参考文献

图 7-1   引言的内容安排方式

做铺垫。

引言为论文的写作立题，引出下文，使读者对论文主体产生兴趣，将读者引入论文主体。

从编辑和审稿人角度，引言要能够回答这些问题：来稿具有新颖性吗？来稿具有重要意义吗？来稿是否适合在此期刊发表？在引言部分回答清楚这些问题，有利于提高稿件的通过概率。

7.2.3   引言的内容及写法

引言（含文献综述）的整体文字量一般不要超过总体的 20%。引言内容包含四部分：研究背景；研究现状及存在问题的分析；研究的主要目的、内容、意义或价值；论文的篇章结构安排。注意：这里所说的并不是指引言包含这四个小节，更不是四大段落之意。

1. 研究背景

研究背景用来介绍相关研究领域的背景、意义、发展状况、目前的水平等。在研究背景中，要介绍清楚两个层面。首先要指明研究所属领域，即研究主题及对象所在的学术领域，也可以从分类学角度理解为研究对象所处的分类范围；然后要指明研究所属领域的意义，比如这个领域的成果在总体上对人、国民经济或社会的重要影响。

研究背景的写作出发点是使得"大同行"（研究领域类似）和"小同行"（研究领域基本一致）都能够明白，并且要介绍本文成就，起到传承知识作用，有利于新手理解，有助于读者正确把握研究意义，便于读者引用。

一般采用一两句话介绍清楚研究背景，切忌啰唆。学位论文的研究背景介绍可以适当加长，只要能够表明研究领域及其重要性就可以。例如，在引言中介绍：研究领域是A，研究方向是B，B 是 C 的重要组成部分，而 C 具有十分广泛的应用。引言，开头先介绍A 的定义、基本概念、分类等与 A 有关的基础知识。然后，强调 C 的广泛应用，指出因为什么 B 越来越受到关注。最后，强调 C 和 B 带来的研究意义，其中，"应用广泛"意味着论文所涉及的研究成果有用，"属于研究热点"表明论文涉及的研究有意义。

以《基于高维稀疏聚类的知识结构识别研究》这篇论文为例，在开篇第一段通过两句话介绍了研究背景，表明了研究对象是文献，研究领域是信息计量学（A），研究方向是文献计量学（B），文献计量学是信息计量学的重要组成部分，而学科结构识别（C）具有重要作用(图 7-2)。

> 　　文献是科学知识的载体，基于文献对某一个领域的知识结构进行识别是信息计量学领域的一个重要任务。探寻一个领域的知识结构不但能够揭示该领域的基本特征，而且对该领域研究人员也有重要
>
> 指导作用。
> 　　知识结构（Intellectual Structure），指根据某一领域的科学文献进行分析，通过对基于某种关系构成的文献矩阵进行聚类而得到的组群及其关系。其

图 7-2　引言中的研究背景部分示例

2. 研究现状及存在问题的分析

引言中如果含有文献综述,这部分就是引言中文字量最大的部分。含有文献综述的引言要包括前人的研究成果、已经解决的问题,可以适当加以评价,指出前人尚未解决的问题、留下的研究空白。要注意分析现有研究成果存在的问题,从而指出本文研究的必要性。可以从已有研究还存在哪些未知领域、哪些方面还不完善、哪些地方存在分歧、哪些方面有错误等进行综述。文献综述的撰写能力是区分专家和新手的重要依据,在阅读时也要注意学习专家发现问题的角度和方法。

为了充分了解研究现状,关键在于要能够在众多已有的文献成果中找出代表性成果,从而对代表性成果进行恰当的"综述",再在综述现状基础上指出存在的问题。其中,代表性成果最常见的选取依据就是该研究与本文研究主题的关联程度,如果该成果是本文研究的直接基础或所针对问题的直接来源,或者是本文研究结果或讨论对比的主要对象,则一定要纳入综述范围。此外,有时也会考虑文献来源期刊的知名度、已有成果是否来自拟投稿期刊、已有成果作者的知名度,等等。

3. 研究的主要目的及内容

引言部分的主要目的及内容不用详细展开,能起到吸引读者的目的即可。首先,从前文分析的众多问题中,找出一个问题(或一个问题的哪个方面),作为论文研究的出发点。然后,描述解决这一问题而展开的具体研究内容(采用了哪些新方法或新思路),从而引出自己的选题,说明自己的研究目的。一定要注意说明为什么本文接下来的研究就是可行的。要在分析某领域研究现状基础上,针对存在的一个问题找到恰当的切入点,然后从这个切入点出发,制订合理的研究方案,研究一定的内容。解决目标问题或它的一方面,这是一个成熟研究者应该具备的基本素质之一。最后,概述自己的研究取得的重要成果及价值。

问题的提出需要紧扣研究主题,针对主题和相关问题,进行整体性、全方位的思考。常见的六个主轴包括：What(事物)何事、When(时间)何时、Where(空间)何地、Who(人物)何人、Why(理由)为何、How(经过、手段)如何。

4. 论文的篇章结构安排

引言的最后一个组成部分,可以是论文的篇章结构安排,不是必需部分。用一段文字介绍即可,起到论文"导游图"作用,介绍论文随后章节的大体轮廓。通常学位论文或英文论文会包含此部分(图 7-3)。

> The rest of this paper is organized as follows. Section 2 defines the research scope of the problem and analyzes the hypotheses. Section 3 first proposes a general framework for solving the heterogeneous data clustering analysis that takes into account user-provided constraints, then it analyzes and resolves the key issues with the proposed algorithm UserHeteClus for heterogeneous data clustering considering multiple user-provided constraints. Section 4 gives the experimental results and analysis. Conclusion is given in Section 5.

图 7-3　引言中的论文篇章结构安排示例

【动手做一做】

相比研究型论文中的引言部分写法,综述型论文的引言部分包含以下几部分即可(一般不使用二级标题),文字量不超过总体的 10%。
- 本综述的研究背景(着重强调研究领域的重要意义)
- 本综述中涉及的主要概念界定
- 本综述的主要目的、内容、意义
- 论文的篇章结构安排(可省略)

请根据自己的选题,撰写论文的引言部分。

◇ 7.3　如何引用参考文献

7.3.1　参考文献的含义、种类和作用

1. 参考文献的含义

参考文献,是指在学术研究过程中,为进行该项研究、撰写论文而引用(参考借鉴)的资料。

按规定,在论文写作过程中,凡是引用前人(包括作者自己过去)已发表的文献中的文字、观点、数据、图表和其他材料等,都要对它们在文中出现的地方予以标明,以示引用,并在文末列出参考文献表。

引用了参考文献,就要在涉及前人成果的地方做一个标记,见到这个标记,读者就知道在这里引用了参考文献。按照这个标记在参考文献表中就能找到刊登这个成果的详细内容的文章信息。因此,要在正文中插入所参考文献在文献表中的标号,即进行"文献标注",也要在参考文献中列示所参考文献的详细信息,即进行"文献著录"。

2. 参考文献的种类

参考文献常见的种类包括如下几类。

(1) 专著,是以单行本形式或多卷册形式,在限定的期限内出版的非连续性出版物,包括以各种载体形式出版的普通图书、古籍、学位论文、技术报告、会议文集、汇编、多卷书、丛书等。

(2) 专著中析出文献,是从整本专著中析出的具有独立篇名的文献。

(3) 连续出版物,是一种载有卷期号或年月顺序号、计划无限期地连续出版发行的出版物,包括以各种载体形式出版的期刊、报纸等。

　　(4) 连续出版物中析出文献,是连续出版物中析出的具有独立篇名、独立著者的文献。

　　(5) 电子文献,是指以电子形式出版的专著、连续出版物以及从中析出的文献,包括电子形式的专利文献。

3. 参考文献的作用

　　通过参考文献,作者可以承认科学的继承性和前人对本领域的贡献。还可以通过参考文献反映论文工作的前提、基础和水平。只要进行了引用,就无须赘述,能够节省篇幅。参考文献还便于读者追踪和引申阅读。投稿时,论文审稿人往往喜欢先看摘要和参考文献部分,通过著录的参考文献,可对论文有个初步的判断和印象。例如,通过参考文献全不全面来判断论文作者对研究现状和研究工作的基础是否清楚,通过参考文献是否具有代表性和权威性、数量和质量等来判断该研究的起点和深度,通过参考文献是否有错误来判断该研究的严谨性和可信度。

7.3.2　参考文献引用的原则

　　在论文中进行参考文献的标注和著录应遵循如下基本原则。

1. 引用阅读过的文献

　　引用的文献要精选,仅限于作者亲自阅读过并在论文中直接引用过。例如,在论文研究领域具有代表性的权威文献;给论文选题带来启示或者灵感的文献;在方法、材料、原理方面为论文提供支撑的文献;在讨论中有所评述、对比,或者用来证实、证伪某些观点、事实的文献,这些文献都应当编入参考文献列表中。

　　不要从他人的文献中转引文献,转引文献容易造成以讹传讹,将严重影响著录参考文献,进而影响论文本身的严肃性和科学性,甚至出现错误。

2. 引用公开发表的文献

　　引用的参考文献最好是在公开发行的正式出版物上发表的文献。如果能够被读者检索或获取到且不涉及保密规定的信息资源,也可作为参考文献予以引用。

3. 引用最必要、最新的文献

　　多引用最新(一般为 3～5 年内)的文献,以保证论文有高的起点,有创新内容。无特殊需要,不必罗列众所周知的教科书或某些陈旧史料。尽量少引用年代久远或教科书之类的公知文献。

4. 按标准化格式著录

　　参考文献的著录要按照现行的国家标准《信息与文献　参考文献著录规则》[23]GB/T 7714—2015 的有关规定进行,以利于科技文献管理和学术交流。

7.3.3　参考文献引用的方法

　　国际上流行的在学术论文中引用参考文献的方法有多种。按照我国国家标准,有两种参考文献引用方法:顺序编码制(numeric,国内大多数期刊采用)和著者-出版年制(author-year,文科类易采用)。

　　要编制参考文献列表,需要清楚著录项目,包括主要责任者;文献题名及版本(初版省略);文献类型(表 7-1)及载体标识,采用"[文献类型标识/载体类型标识]";出版项(出版地、出版年、出版者);文献出处或电子文献的可获得地址;文献起止页码;文献标准编号(标准号、专利号等)。

表 7-1 参考文献类型及其文献类型标识代码

参考文献类型	普通图书	科技论文集	报纸文章	期刊论文	学位论文	报告	标准	专利
文献类型标识代码	M	C	N	J	D	R	S	P

1. 顺序编码制

1) 顺序编码制的含义

顺序编码制,指按正文所引用文献出现的先后顺序连续编码。所引用的文献用阿拉伯数字加方括号连续编码,并在文后参考文献表中,各条文献按在论文中出现的文献序号顺序依次排列。

2) 文内标注格式

按在论文中出现的先后顺序用阿拉伯数字连续编码,将序号置于方括号内,并视具体情况把序号作为上角标或作为句子的组成部分标在正文中。

(1) 引用单篇文献:某处引用单篇文献时,将文献序号置于上标方括号中。

以下面这段文字为例:

对于选址问题的研究现已提出很多模型和算法,杨波提出了随机数学选址模型[5],李延晖、马士华提出了基于时间约束的配送系统选址模型[6],丁雪枫、马良、丁雪松提出了基于模拟植物生长算法的选址问题新方法[7];典型的方法还有重心法、数据包络分析法、Elson 模型等。

以上文字中的"[5]"出现在"杨波提出了随机数学选址模型"之后,表明这一模型出自文献[5],将"[5]"上标。如果行文中需要将文献作为主语,也可以。例如,"文献[5]指出,Aprior 算法存在⋯⋯问题"。此时,"文献[5]"是句子主语,不要将"[5]"进行上标。

(2) 引用多篇文献:同一处引用多篇文献时,只需将各篇文献的序号在上标方括号内全部列出,各序号间用逗号隔开,如遇连续序号,可标注起讫号。

以下面这段文字为例:

对于选址问题的研究现已提出很多模型和算法,杨波提出了随机数学选址模型[5],李延晖、马士华提出了基于时间约束的配送系统选址模型[6-8],丁雪枫、马良、丁雪松提出了基于模拟植物生长算法的选址问题新方法[9,13,15-17];典型的方法还有重心法、数据包络分析法、Elson 模型等。

以上文字中的"[6-8]"表明"李延晖、马士华提出了基于时间约束的配送系统选址模型"这个地方参考自文献[6]、文献[7]、文献[8]。

2. 著者-出版年制

1) 著者-出版年制的含义

著者-出版年制,文献引用的标志就是"著者"和"出版年"。

2) 著者-出版年制的标注

（1）正文中的文献引用标志可以作为句子的一个成分。例如，Dell（1986）基于语误分析的结果提出了音韵编码模型。汉语词汇研究有庄捷和周晓林（2001）的研究。或者，张三（2008）研究了人格与心理的关系。

（2）正文中的文献引用标志放在引用句尾的括号中。例如，在语言学上，音节是语音结构的基本单位，也是人们自然感到的最小语音片段。按照汉语的传统分析方法，汉语音节可以分成声母、韵母和声调（胡裕树，1995；黄伯荣，廖序东，2001）。音韵编码模型假设音韵表征包含多个层次（Dell，1986）。或者，人格和心理健康有密切关系（张三，2008）。

3. 文后参考文献的编写格式

文后参考文献，置于"致谢"内容之后，"附录"之前。采用顺序编码制时，在文后参考文献中，各条文献按在科技论文中的文献序号顺序排列。编制文后参考文献列表时，著录项目应完整，内容应准确，各个项目的次序和著录符号应符合规定。

1）期刊论文

作者.题名□□□□□□识代码].刊物名称,出版年,卷（期）：起止页码.

□□□□□□麟,等.开放学术信息资源环境的挑战及其应对策略[J].图书
□□□□□□□□2,17.

□□□□□代码].出版地：出版社,出版年：起止页码.

□□□□□□.武汉：武汉大学出版社,2000：36-48.

□□□□□码].报纸名,年-月-日（版次）.

□□□□□国的粮食问题[N].人民日报,1996-10-25(2).

□□□□□保存地：保存者,年份.

□□□□□系统中知识流动的政策分析[D].北京：中国科学院文

□□□□□编者.文集名.出版地：出版者,出版年：起止页码.

□□□□□和数字图书馆[C]//图书情报工作杂志社.图书馆

学□□□□□献出版社,2002：1-2.

□□□□□日期].网址.

□□□□□metadata：Dublin Core ［EB/OL］. ［2012-12-
08］. h□□□□□51e.htm.

7.3.4

对□□□□□□□□□□□烦琐，容易出现以下错误，希望读者可以避免。

（1）□□□□□□□□□□学位论文来讲，一般要求参考文献数量不

得少于 10 篇;硕士学位论文的参考文献不得少于 30 篇;博士学位论文的参考文献不得少于 60 篇。

（2）正文中未按出现的先后顺序排列参考文献。文后的参考文献与文中的引用要一一对应。

（3）正文中未进行文献标注，只在文后撰写了参考文献目录。这是初学者常犯的问题，一定要避免。

（4）文后参考文献著录的项目不全。经常出现少作者情况，当有多个作者时，根据期刊要求，应写出前三位作者名，再加"等"字。此外，期刊的卷号或期号也经常缺失。卷号，指期刊发表的年份序号;期号，指在该年度的期序号(图 7-4)。作者有义务将著录项查找补充完成，可以利用文献管理软件将烦琐的题录信息进行管理(参见"第 4 章 如何管理文献")。

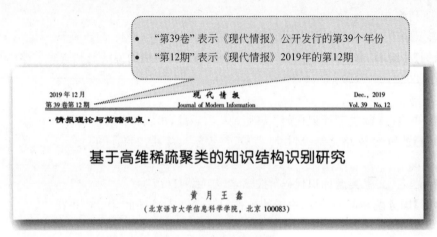

图 7-4　期刊的卷号和期号

（5）遗漏重要文献或者故意不引用。避免遗漏最好的办法，就是在立题阶段就进行详尽的文献检索，论文投稿之前再次进行高质量的文献检索。如果属于故意不引用则有研究基础不扎实的嫌疑，如果引用了而故意不标注则属于剽窃。

（6）断章取义式引用、没有阅读原文便拼凑参考文献。没有完整表达原文本意，或者只引用原文对自己观点和事实有利的部分。这种做法不仅不能证明自己的观点，反而会带来极大的负面效应。直接后果就是所谓的引用可能翻遍原文都难以看到出自何处。

（7）间接引用当成直接引用。参考文献一般要避免间接引用，但有些珍贵文献没有电子版本，甚至已经是孤本，如果确实难以直接阅读，学术规则也允许间接引用，但应该注明。如果直接标注为参考文献，最直接的可能就是原引用者的错漏会被直接带进自己研究的论文。

（8）不必要的自引和友情引用。引用自己成果也是需要标注的，但限于同本文有紧密联系，或者目前工作是前期工作的自然延续，这种自引是必要的。但如果盲目进行非必要的自引，或者友情引用导师、朋友的论文，则属于不规范的行为。

◇ 7.4　如何撰写结论

7.4.1　结论的含义

结论(Conclusion),是对论文研究成果和具有创新性研究成果系统、科学的总结,是论文的精髓。

结论是论文正文的最后一个部分,是论文起承转合的"合",是在研究发现与讨论分析的基础上,加以归纳整理,收尾总结,并针对研究问题提出结论和相关建议。

结论能够帮助读者准确掌握论文的主题内容、研究成果与意义。结论是整篇论文的总凝练与升华。所谓"编筐编篓,贵在收口",要能够起到画龙点睛的作用(图 7-5)。

图 7-5　结论的作用

7.4.2　结论的内容

结论具有相对的独立性,由三个层次构成:研究的创新性内容的重申、论文的重要标志性研究成果、通过论证和讨论获得的研究意义或作用。下面以《基于高维稀疏聚类的知识结构识别研究》[4]中的结论(图 7-6)为例依次进行讲解。

1. 研究的创新性内容的重申

结论的开头,通常按照研究过程的先后顺序,陈述怎样获取数据、采用了什么方法、研究了什么主题。对于期刊论文来说,这部分一般控制在两句之内;如果是学位论文,可以扩展为一段文字。

在《基于高维稀疏聚类的知识结构识别研究》结论的第 1 句进行研究背景和意义重申,第 2 句"本文使用高维稀疏聚类的方法对'文献—关键词'矩阵直接进行学科结构识别,采用迭代策略,首先利用词频来估计高维稀疏聚类算法参数和输入,然后运行高维稀疏聚类算法,最后通过统计聚类结果各个类的关键词重合情况来判断算法是否停止。"精简地总结了创新性内容。

> **4 结 论**
>
> 已有进行知识结构识别的方法首先基于某种分析思想构建同质元素间的关联程度矩阵，然后再对该矩阵进行结构识别。本文使用高维稀疏聚类的方法对"文献—关键词"矩阵直接进行学科结构识别，采用迭代策略，首先利用词频来估计高维稀疏聚类算法参数和输入，然后运行高维稀疏聚类算法，最后通过统计聚类结果各个类的关键词重合情况来判断算法是否停止。通过与基于关键词共现分析知识结构识别效果来对比分析，最终发现基于高维稀疏聚类进行知识结构识别是有效的，并且该方法可以获得差异度较大的子类，而且进行结果解读可以获取更多信息。在未来研究中，在维度进一步提升的同时，希望能够进一步探测对象的输入顺序是否对聚类结果有影响及不同的差异度上限估算方式，从而得到更准确的结果分析。

图 7-6 《基于高维稀疏聚类的知识结构识别研究》的结论部分

2. 论文的重要标志性研究成果

紧接着，陈述论证和讨论的重要结论。要选择与研究主题密切相关的重要研究成果进行说明，或者选择显著不同于已有研究、对研究意义和实践应用起最重要支撑作用的研究结果，并且主要结果的陈述顺序尽量与前文的论证和讨论的结果部分相同。此部分一般两三句话就可以，并不需要赘述。

例如，在《基于高维稀疏聚类的知识结构识别研究》结论的第 3 句前半部分指出"通过与基于关键词共现分析知识结构识别效果来对比分析，最终发现基于高维稀疏聚类进行知识结构识别是有效的"，就是这篇论文的重要标志性研究成果。

3. 通过论证和讨论获得的研究意义或作用

这部分是高层次的结论组成部分。要用一两句话描述通过论证和讨论获得的研究意义和作用，进行凝练和升华。最后，也可以用一句话描述对未来研究工作的建议、启示、展望，也可以不写。

例如，在《基于高维稀疏聚类的知识结构识别研究》结论的第 3 句后半部分指出"该方法可以获得差异度较大的子类，而且进行结果解读可以获取更多信息"，就是对研究作用的强调。最后"在未来研究中，在维度进一步提升的同时，希望能够进一步探测对象的输入顺序是否对聚类结果有影响及不同的差异度上限估算方式，从而得到更准确的结果分析"，是对未来工作的展望。

7.4.3 撰写结论的注意事项

撰写结论，要注意以下几个问题。

（1）结论不是观察和结果的简单合并与重复。结论具有相对的独立性，要与引言相呼应，不是在论文中随便抄几句。结论不能简单罗列研究工作结论，应该是对创新性成果的客观评价，以及再认识、凝练、升华的过程。在用词和使用句型上，避免与引言、研究方法、论证和讨论部分相关内容雷同。

(2) 结论部分一般不引用文献、不使用公式。因为结论不是论证过程，一般不需要再引用文献甚至公式了。

(3) 结论的措辞要科学、准确。在结论中，不用“大概”“或许”“可能是”等表示模棱两可的词汇。也不能有意拔高自己研究的意义，描述研究成果一定避免使用“极大”“最佳”等极端词语。

(4) 结论不是重复已有的常识性成果。他人的成果和常识性成果不应作为结论。

(5) 结论与摘要不同。不能将摘要原封不动搬过来做结论。

【小问题】

截至本书已讲授内容为止，一篇论文的主体内容已经全部完成，你是否对学术论文写作有了一些清晰的认识？

7.5 如何撰写标题

和写作文不同，论文引言之前，除有论文的题目外，还有作者及其机构、摘要、关键词等(图 7-7)，一般还要有对应的英文翻译(图 7-8)，有时这部分也放在参考文献之后。

中文题目*

作者姓名列表

(作者单位名称，城市 邮政编码)

摘要：[目的/意义] XXXXXXX。[方法/过程] XXXXXXX。[结果] XXXXXXX。[结论] XXXXXXX。(200~300字)

关键词：XXX；XXXX；XXX；XX (3~8个)

分类号：XXX　**文献标识码：**XXX

图 7-7　引言之前包含的内容示意

Title*

Authors

(Organization, City postcode)

Abstract: [Background] XXXXXXX.[Method] XXXXXXX. [Results] XXXXXX. [Conclusion] XXXXXXX. (150 ~ 250 words)

Keywords: XXX; XXXX; XXX; XX (3~8)

图 7-8　篇名、关键词、摘要等的英文翻译示意

7.5.1 标题的作用

“确定论文选题”的第三步是给论文初步拟定一个“名字”，即标题(或“题目”“题名”

“篇名”)。在“3.4 确定论文题目”部分已经讲解了标题的含义及要求。标题经常会经过反复修改,以达到用简单的文字将论文所研究的关键问题和核心思想表述出来的目的,起到吸引读者眼球、突出所关注的研究焦点及画龙点睛的作用。因为标题是检索系统提供的重要字段之一,所以起一个准确的标题有助于读者准确掌握论文的主题内容、研究成果与意义。

7.5.2 标题的写作注意事项

标题的写作有以下几点需要注意。

(1) 标题的字数有限制,应尽可能删除多余的词语。如果经过反复推敲,删去某些词语之后,标题仍能反映论文的特定内容,那么这些词语就应删去。

(2) 标题应展现论文的中心内容和重要论点。

(3) 标题切忌过大、过宽。

(4) 同义词或近义词连用,使用其中之一即可。例如,“分析与探讨”,只用“分析”或者“探讨”。

(5) 标题中要包含重要关键词。

以《基于高维稀疏聚类的知识结构识别研究》为例,标题中的“高维稀疏”“聚类”“知识结构”“识别”这几个关键词体现了研究重点,具体而明确,也都在关键词中有所体现(图 7-9)。

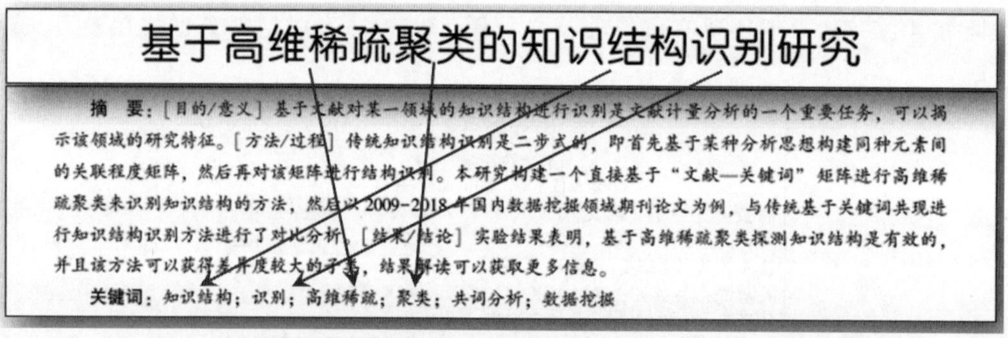
基于高维稀疏聚类的知识结构识别研究

摘　要:[目的/意义] 基于文献对某一领域的知识结构进行识别是文献计量分析的一个重要任务,可以揭示该领域的研究特征。[方法/过程] 传统知识结构识别是二步式的,即首先基于某种分析思想构建同种元素间的关联程度矩阵,然后再对该矩阵进行结构识别。本研究构建一个直接基于“文献—关键词”矩阵进行高维稀疏聚类来识别知识结构的方法,然后以2009–2018年国内数据挖掘领域期刊论文为例,与传统基于关键词共现进行知识结构识别方法进行了对比分析。[结果/结论] 实验结果表明,基于高维稀疏聚类探测知识结构是有效的,并且该方法可以获得差异度较大的子集,结果解读可以获取更多信息。

关键词:知识结构;识别;高维稀疏;聚类;共词分析;数据挖掘

图 7-9 《基于高维稀疏聚类的知识结构识别研究》的中文标题和关键词

7.5.3 英文标题的写作注意事项

英文标题中字母的大小写有以下 3 种格式(具体采用哪种以投稿的目标期刊要求为准):全部字母大写;每个词的首字母大写,但 4 个字母以下的冠词、连词、介词全部小写;句首的第一个字母大写,其余字母全部小写,专有名词除外。

英文标题中的缩略词语,只有已经得到整个领域研究人员公认的词语(例如,用“MOOC”表示“大型开放式网络课程”)才可用于题目中,否则不要轻易使用。英文标题中应以短语为主要形式,以名词短语最常见,即题目基本上由一个或几个名词加上其前置和(或)后置定语构成。包含的全部词汇不得超过 10 个实词,要避免出现多个介词 of,避免出现“The study on”“Development of”之类的句子或空话。

例如,"项目合作——280 个建设项目案例研究"可以用名词短语形式翻译为"Project partnering：Results of study of 280 construction projects";"如何为土木工程和设计咨询公司培养初级工程师"可以用动名词短语翻译为"Training entry-level engineers in civil engineering and design consulting firm";"社会问题调研方法探究"可以用介词短语翻译为"Towards a methodology for investigating social issues"。

此外,英文标题的语气表达上与中文标题不同,要符合英语的表达习惯。英文标题不出现一种、一类、研究、分析、初探(a preliminary study)、之我见(my own opinions)及浅析(a brief analysis of)之类谦辞,这些显得主题不突出,可以直接用"on"取而代之,或者"on"也省略。汉英论文标题在表达习惯上的差异是由于中国传统文化视谦虚为美德,这一传统在文章标题上也有反映,许多文章即便是很有学术见解和深度,标题也习惯用"试论""初探""浅谈""浅析"等表示谦虚的字眼。

以《基于高维稀疏聚类的知识结构识别研究》为例,英文标题直接翻译为"Intellectual Structure Detection Based on High-dimensional Sparse Clustering",而中文标题中的"研究"则没有翻译(图 7-10)。

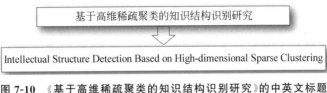

图 7-10　《基于高维稀疏聚类的知识结构识别研究》的中英文标题

7.5.4　首页脚注

不同的期刊对于首页脚注位置的标注略有差异。

"首页脚注"(图 7-11)一般由"收稿日期""修改日期""作者简介"和"基金项目"(标题带有"＊",表明论文受项目资助)等组成。

"作者简介"一般包括姓名(出生年)、性别、籍贯、学历、职称、研究方向、联系方式(手机号和电子邮箱)等。

某个作者带有"＊",表明是通讯作者(corresponding author),未标注时默认第一作者是通讯作者。

收稿日期：2019-07-19
基金项目：教育部人文社会科学研究青年基金项目"面向语言学的文献计量及知识可视化分析"(项目编号：17YJCZH069)；全国高等院校计算机基础教育研究会 2018 年度计算机基础教育教学研究项目"教育数据聚类分析及个性化推荐"(项目编号：2018-AFCEC-176)；北京语言大学院级科研项目(中央高校基本科研业务专项资金资助)"基于文献计量的不同学科差异分析"(项目编号：19YJ040001)；北京市级大学生创新创业计划项目支持(项目批准号：201910032038)。
作者简介：黄月(1986-),女,副教授,博士,研究方向：数据挖掘、信息计量。王鑫(1995-),男,学士,研究方向：聚类分析。
— 72 —

图 7-11　论文的首页脚注示例

◇ 7.6　如何撰写作者及单位

7.6.1　作者的署名

论文的作者应该在发表的作品上署名,署名可以是个人作者、合作作者或团体作者。

在论文标题的下一行写作者,再下一行写作者的单位、省、市、邮编信息。如果城市是北京市等直辖市的,直接写"市"的信息即可。单位的名称不可以简写。例如,"北京语言大学"不能简写成"北语"。

作者名单中的顺序,原则上是根据作者对研究做出的贡献大小进行排序的,论文署名一定要征得当事人同意,并在"版权转让协议书"上签字。

作者名带"＊"表明是通讯作者,是责任者。

7.6.2　署名的意义

署名,作为拥有版权或发明权的一个声明,指作品受法律保护,劳动成果及作者本人得到社会认可和尊重。

署名也是文责自负的承诺。文责自负,即论文一经发表,署名者对作品负有责任,包括政治上、科学上和法律上的责任。

署名也便于作者与读者联系,读者若需向作者询问、质疑、请教或寻求帮助,可以直接与作者联系。进行了署名即表明作者有与读者联系的意愿。

此外,署名也便于图书情报机构从事检索和读者进行著者的计算机检索。

7.6.3　署名的原则和要求

署名有如下几个原则和要求。

(1) 署名中的作者本人应是直接参加课题研究的全部或主要部分的工作,并做出主要贡献者。

(2) 署名中的作者本人应为作品创造者,即论文撰写者。一定要树立学术诚信,如果是团队的成果,必须团队成员都同意发表才行,不得将团队成果据为己有。

(3) 署名中的作者本人对作品具有答辩能力,并为作品的直接责任者。有的期刊要求在文末列出作者贡献。

(4) 如果对研究成果有所贡献,但不够署名条件的人员,可以作为致谢中的感谢对象。

(5) 应当实事求是,不署虚名。

7.6.4　署名的写作

署名的写作有以下几种常见情况。

(1) 单一作者单一单位。这种情况最为简单,只需要撰写一个人的姓名、所在机构信息(图 7-12)。

≪专　题

产业竞争情报中的国外竞争者识别方法*
——以中国风能产业为例

郑彦宁
中国科学技术信息研究所　北京 100038

图 7-12　单一作者单一单位的署名示例

(2) 独立作者多个单位。如果一篇论文是一位作者,但他属于多个单位,需要将每个单位信息均标注完整(图 7-13)。

情报分析与研究

针对中文学术文献的情报方法术语抽取

化柏林
(南京大学信息管理学院　南京 210093)
(中国科学技术信息研究所　北京 100038)

图 7-13　独立作者多个单位的署名示例

(3) 多个作者单一单位。对于多个作者的情况,有的期刊要求作者之间用“,”隔开(图 7-14),有的要求作者之间用空格隔开(图 7-15)。

数字图书馆论坛　· 数字资源建设 ·

高校图书馆参与自主MOOC平台资源建设研究*

黄月, 任立清
(北京语言大学图书馆, 北京 100083)

图 7-14　多个作者单一单位的署名示例 1

(4) 多个作者多个单位。如果一篇论文有多个作者,并且分属于不同单位,需要在作者姓名的右上角编号进行说明(图 7-16)。

7.6.5　作者简介

作者简介,是论文的重要信息之一,是期刊沟通读者和作者的桥梁,同时也对情报学和编辑学的研究具有重要参考价值。作者简介至少应包含第一作者的姓名(出生年)、性别、籍贯、职称、学位、研究方向(图 7-11)。

基于高维稀疏聚类的知识结构识别研究

黄 月 王 鑫

（北京语言大学信息科学学院，北京 100083）

图 7-15   多个作者单一单位的署名示例 2

第 35 卷第 4 期 2015 年 4 月	系统工程理论与实践 Systems Engineering — Theory & Practice	Vol.35, No.4 Apr., 2015
文章编号：1000-6788(2015)04-0997-08	中图分类号：TP301	文献标志码：A

异质对象协同实体解析的联合聚类算法

高学东 [1]，黄 月 [2]

(1. 北京科技大学 东凌经济管理学院，北京 100083; 2. 北京语言大学 图书馆，北京 100083)

图 7-16   多个作者多个单位的署名示例

7.6.6   英文的作者署名

国内作者向外文期刊投稿署名或有必要附注汉语拼音时，必须遵照国家规定 1982 年 ISO 通过的《汉语拼音方案》作为拼写中国专有名词和词语的国际标准。

中国人名译成外文时，姓氏和名字分写，姓全大写，名开头字母大写。常见中国人姓名汉语拼音拼写形式如下。

（1）单姓＋单名。姓在前名在后，姓全大写，名的首字母要大写，姓和名之间要空一字。例如，陈亮（CHEN Liang）。

（2）单姓＋双名。姓在前名在后，姓全大写，名的首字母大写，姓和名之间要空一字，双名要连写。例如，张建国（ZHANG Jianguo）。

（3）复姓＋单名。姓在前名在后，姓全大写，名的首字母要大写，姓和名之间要空一字，复姓要连写。例如，东方朔（DONGFANG Shuo）。

（4）复姓＋双名。姓在前名在后，姓全大写，名的首字母要大写，姓和名之间要空一字，复姓要连写，双名也要连写。例如，诸葛晓蓉（ZHUGE Xiaorong）。

（5）单姓＋单姓＋双名。姓在前名在后，两单姓均大写，单姓之间空一字，姓和名之间要空一字，双名要连写。例如，范刘安泰（FAN LIU Antai）。

（6）单姓＋多名。姓在前名在后，姓全大写，名的首字母要大写，姓和名之间要空一字，多名要连写。例如，冯一鸣惊（FENG Yimingjing）。

7.6.7   英文的单位写法

在将作者单位翻译为英文时，英文部分比中文部分多了"China"，且单位是按照从小到大的顺序撰写。

例如,汉语原文"北京语言大学信息科学学院,北京 100083"要翻译为"School of Information Science,Beijing Language and Culture University,Beijing 100083,China"(图 7-17)。

图 7-17　《基于高维稀疏聚类的知识结构识别研究》作者单位的中英文写法

7.7　如何撰写摘要

7.7.1　摘要的含义

摘要,又称概要或内容提要,英文为 Abstract 或 Summary,是一篇论文主要观点的概况总结,它以最少的文字总结论文的主要观点和内容,是全文的浓缩和精华所在。

摘要是论文的必要部分,非英文论文附有英文摘要。

摘要类似于一篇论文的"小广告",要能够用精练的语言,吸引读者和审稿人的注意。

7.7.2　摘要的作用

摘要有以下几方面作用。

1. 提供论文信息

摘要以提供文献内容梗概为目的,不加评论和补充解释,涵盖论文主要内容,自身构成一个小型文章。读者在阅读文献时,通过阅读摘要就能了解全文的主要内容。根据摘要内容,读者判断是否有兴趣阅读全文,既浏览了大量信息,又节省精力。摘要本质上是一篇高度浓缩的论文。

2. 用于审稿过程

审稿人在审理稿件时,首先接触的是论文标题和摘要,而论文标题太短、太凝练,不足以概括总结全文内容,但是摘要可以弥补标题的不足。审稿人通过阅读摘要大体掌握论文内容后,判断对稿件是否有兴趣或者是否值得花时间审阅。摘要质量直接影响论文能否及时顺利发表。

3. 文献检索需要

摘要是二次文献的著录内容,读者在数据库内查找论文时,首先显示的是论文标题和摘要,摘要中包含足够的关键信息。摘要是读者检索文献的重要入口。论文发表后,文摘数据库或全文数据库会对摘要进行收录,因此论文摘要的质量高低,直接影响论文被检索率和被引频次,影响论文的交流和传播。

7.7.3 摘要的分类

一般将摘要分为如下几类。

1. 报道性摘要(Informative abstract)

报道性摘要最为广泛,相当于论文简介,是说明文献主题范围及内容梗概的报道性短文。其中的"报道性"指应该用有限的词语提供尽可能多的定性或定量信息。报道性摘要,一般包括论文目的/意义、研究方法/过程、主要结果/结论。报道性摘要篇幅稍长,200～300 字,向学术性期刊投稿时,研究型论文最好选用报道性摘要形式(图 7-18)。

基于高维稀疏聚类的知识结构识别研究

黄 月 王 鑫

(北京语言大学信息科学学院, 北京 100083)

摘 要:[目的/意义] 基于文献对某一领域的知识结构进行识别是文献计量分析的一个重要任务, 可以揭示领域的研究特征。[方法/过程] 传统知识结构识别是二步式的, 即首先基于某种分析思想构建同种元素间的关联程度矩阵, 然后再对该矩阵进行结构识别。本研究构建一个直接基于"文献—关键词"矩阵进行高维稀疏聚类来识别知识结构的方法, 然后以 2009-2018 年国内数据挖掘领域期刊论文为例, 与传统基于关键词共现进行知识结构识别方法进行了对比分析。[结果/结论] 实验结果表明, 基于高维稀疏聚类探测知识结构是有效的, 并且该方法可以获得差异度较大的子类, 结果解读可以获取更多信息。

关键词: 知识结构; 识别; 高维稀疏; 聚类; 共词分析; 数据挖掘

DOI:10.3969/j.issn.1008-0821.2019.12.009

〔中图分类号〕G201　〔文献标识码〕A　〔文章编号〕1008-0821（2019）12-0072-09

图 7-18 《基于高维稀疏聚类的知识结构识别研究》的摘要

2. 指示性摘要(Indicative abstract)

指示性摘要,主要描述论文的主题范围和内容梗概,一般不包括具体方法、结果和结论,其目的是使读者对研究的主要内容有一个大致的了解。指示性摘要篇幅较短,50～100 字,适用于创新内容较少或数据不多的论文。

3. 报道—指示性摘要(Informative-indicative abstract)

报道—指示性摘要,介于报道性摘要和指示性摘要之间,一般以报道性摘要的形式描述论文中价值最高的内容,其余部分则以指示性摘要形式表达。这类摘要篇幅适中,100～200 字,侧重于说理和评论,多用于综述型论文。例如,《高维数据聚类方法综述》[11]的摘要(图 7-19)采用的就是这种形式。

7.7.4 摘要的内容

摘要的内容,可以遵循 IMRD 格式,包括如下 4 部分。

(1) 研究目的、意义(Introduction),这部分文字量大约占摘要整体的 25%,说明作者写作此文的背景、意义和目的,或本文拟解决的问题。

(2) 研究方法(Methods),这部分文字量大约占摘要整体的 25%,说明为解决问题所进行的研究过程及所使用的主要研究方法,包括应用条件、主要工具、操作方法或思辨方

摘 要：高维数据聚类一直是数据挖掘领域聚类研究的难点。本文在总结高维数据的特点及其对聚类影响的基础上，综述近年来高维数据聚类研究的现状和新进展，重点对一些比较有代表性的高维数据聚类算法进行分类和分析概括，最后给出高维数据聚类研究中的若干关键问题和未来的研究重点。

关键词：高维空间；稀疏数据；聚类；数据挖掘

图 7-19　报道—指示性摘要示例

法等。

（3）描述研究的重要结果（Results），这是摘要中最重要的部分，这部分文字量大约占摘要整体的 35%，说明研究所得出的主要客观结果、数据、事实。

（4）描述研究的结论（Discussion），这部分文字量大约占摘要整体的 15%，阐述根据研究结果所得出的主要研究结论、启示和影响。

传统式摘要，一般是不分段的，而也有一些期刊采用结构式摘要，即各部分有小标题（图 7-20）。

Abstract

Purpose – Identifying the frontiers of a specific research field is one of the most basic tasks in bibliometrics and research published in leading conferences is crucial to the data mining research community, whereas few research studies have focused on it. The purpose of this study is to detect the intellectual structure of data mining based on conference papers.

Design/methodology/approach – This study takes the authoritative conference papers of the ranking 9 in the data mining field provided by Google Scholar Metrics as a sample. According to paper amount, this paper first detects the annual situation of the published documents and the distribution of the published conferences. Furthermore, from the research perspective of keywords, CiteSpace was used to dig into the conference papers to identify the frontiers of data mining, which focus on keywords term frequency, keywords betweenness centrality, keywords clustering and burst keywords.

Findings – Research showed that the research heat of data mining had experienced a linear upward trend during 2007 and 2016. The frontier identification based on the conference papers showed that there were five research hotspots in data mining, including clustering, classification, recommendation, social network analysis and community detection. The research contents embodied in the conference papers were also very rich.

Originality/value – This study detected the research frontier from leading data mining conference papers. Based on the keyword co-occurrence network, from four dimensions of keyword term

图 7-20　结构式摘要示例

7.7.5　摘要的写作注意事项

写作摘要时，需要注意语言要简短，因为摘要有明确的字数限制，一般不超过 300 字。此外，内容要精练，要能够摘录出原文的精华，并且没有多余的话。摘要要明确、具体，要能够表意明白，不含糊，不要有空泛、笼统的词语，应有较多而有用的定性和定量的信息。

摘要的写作，一般形成于论文正文完成之后，因此不能将结论原封不动照搬过来。摘要的第一句话不要简单重复文章标题，尽可能不加入背景性情况介绍和对既有研究情况的陈述，仅限于表达研究目的和新的研究进展信息，并且对论文内容不加注释或评论。

摘要尽量以第三人称撰写,不使用第一人称,如尽量不用"本文""我们"等,而使用"文章""研究者"。此外,要尽可能使用规范术语,不用非共知、共用的符号和术语。

7.7.6　英文摘要的写作注意事项

很多中文期刊要求摘要部分要有对应的英文,字数一般是 150～250 个单词。

1. 英文摘要中常用的时态

可以采用一般现在时,用于说明研究目的、叙述研究内容、描述结果、得出结论、提出建议或讨论。可以采用一般过去时,用于叙述过去某一时刻或时段的发现或研究过程。采用一般过去时描述的内容往往是尚不能确定为自然规律、永恒真理的发现等,而只是当时如何,所描述的研究过程也明显带有过去时间的特点。其他时态基本不用。

2. 英文摘要中常用的语态

可以使用主动语态"The author introduces...",必要时"The author"可以去掉,直接以"Introduces"开头。也可以使用被动语态。投稿时,应根据具体期刊风格,保证前后一致即可。

3. 英文摘要中的人称等

摘要中都用第三人称,更倾向于用原形动词开头,如 To describe、To study、To investigate、To determine 等。用重要的事实开头,尽量用短句,避免用从句开头。注意避免用阿拉伯数字作首词,尽量少用缩略语。注意冠词使用上泛指与特指的区分。单数名词必加冠词,复数名词少加或不加冠词。注意避免标题成为摘要的第一句话,不要重复表达。

图 7-21 是一篇英文综述型论文的摘要。

Abstract

Clustering of structure-rich heterogeneous information networks composed of multiple types of objects and relationships, which has become a challenge in data mining. Most of the existing clustering heterogeneous network methods focus on the internal information of the dataset while ignoring the domain knowledge outside the dataset. However, in real-world scenarios, domain knowledge can often offer valuable information for clustering. In this study, we propose a three-layer model OntoHeteClus, which is able to cluster multi-type objects in star-structured heterogeneous networks by considering both the dataset itself and the background information quantified via the ontology. OntoHeteClus first evaluates the similarity between central objects according to formalized domain ontology information, based on which central objects are subsequently clustered. Finally, attribute objects are clustered according to the central object clustering result. A numerical example is presented to illustrate the modeling concept and working principle of the proposed method, and experiments on a real-world dataset demonstrate the effectiveness of the proposed algorithms.

图 7-21　英文摘要示例

◇ 7.8　如何撰写关键词

7.8.1　关键词的含义与作用

期刊普遍要求作者提供论文关键词。按国标规定,关键词是为文献标引工作从报告、论文中选取处理以表示全文主题内容信息的单词或术语。

关键词(Keywords),是为文献检索服务的,表示论文的主要内容(主题)的词语。作者需要将论文中能表达论文内容特征和属性类别的关键性词语或术语选列出来。

每篇文章要标注 3～8 个关键词,一般采用 5 个左右。关键词个数太少不利于检索,但过多又容易造成所表达的含义偏离主题,使主题含义混乱不清。

7.8.2　关键词的写作

在论文写作时,关键词位于摘要的下方。应该尽可能利用《汉语主题词表》等词表提供的规范词。

要注意,关键词是有顺序的。例如,前面的关键词,从标题、摘要中选取;后面的关键词,从论文内容中选择;范围遵循由大到小(或由小到大)、由内容到形式的次序。

关键词一般要求中间用";"隔开,有时用空格隔开。

以《基于高维稀疏聚类的知识结构识别研究》为例,关键词包括 6 个,能够有效标识论文主题和创新点(图 7-22)。

摘　要:[目的/意义]基于文献对某一领域的知识结构进行识别是文献计量分析的一个重要任务,可以揭示该领域的研究特征。[方法/过程]传统知识结构识别是二步式的,即首先基于某种分析思想构建同种元素间的关联程度矩阵,然后再对该矩阵进行结构识别。本研究构建一个直接基于"文献—关键词"矩阵进行高维稀疏聚类来识别知识结构的方法,然后以 2009-2018 年国内数据挖掘领域期刊论文为例,与传统基于关键词共现进行知识结构识别方法进行了对比分析。[结果/结论]实验结果表明,基于高维稀疏聚类探测知识结构是有效的,并且该方法可以获得差异度较大的子类,结果解读可以获取更多信息。

关键词:知识结构;识别;高维稀疏;聚类;共词分析;数据挖掘

图 7-22　《基于高维稀疏聚类的知识结构识别研究》的中文关键词

7.8.3　英文关键词的写作

英文关键词要与中文关键词一一对应。要使用英文术语,不能自己随便翻译。以《基于高维稀疏聚类的知识结构识别研究》为例,"知识结构"的英文不是"knowledge structure"而是"intellectual structure"(图 7-23)。

摘　要：[目的/意义] 基于文献对某一领域的知识结构进行识别是文献计量分析的一个重要任务，可以揭示该领域的研究特征。[方法/过程] 传统知识结构识别是二步式的，即首先基于某种分析思想构建同种元素间的关联程度矩阵，然后再对该矩阵进行结构识别。本研究构建一个直接基于"文献—关键词"矩阵进行高维稀疏聚类来识别知识结构的方法，然后以 2009-2018 年国内数据挖掘领域期刊论文为例，与传统基于关键词共现进行知识结构识别方法进行了对比分析。[结果/结论] 实验结果表明，基于高维稀疏聚类探测知识结构是有效的，并且该方法可以获得差异度较大的子类，结果解读可以获取更多信息。

关键词：知识结构；识别；高维稀疏；聚类；共词分析；数据挖掘

Key words：intellectual structure；detection；high-dimensional sparse；clustering；co-word analysis；data mining

图 7-23　《基于高维稀疏聚类的知识结构识别研究》的英文关键词

◆ 7.9　如何确定分类号和文献标识码

分类号和文献标识码一般出现在摘要和关键词的下方，由作者依据文章领域和内容初步确定，再由编辑及期刊最终确定和予以标识（图 7-24）。

基于高维稀疏聚类的知识结构识别研究

黄 月　王 鑫

（北京语言大学信息科学学院，北京 100083）

摘　要：[目的/意义] 基于文献对某一领域的知识结构进行识别是文献计量分析的一个重要任务，可以揭示该领域的研究特征。[方法/过程] 传统知识结构识别是二步式的，即首先基于某种分析思想构建同种元素间的关联程度矩阵，然后再对该矩阵进行结构识别。本研究构建一个直接基于"文献—关键词"矩阵进行高维稀疏聚类来识别知识结构的方法，然后以 2009-2018 年国内数据挖掘领域期刊论文为例，与传统基于关键词共现进行知识结构识别方法进行了对比分析。[结果/结论] 实验结果表明，基于高维稀疏聚类探测知识结构是有效的，并且该方法可以获得差异度较大的子类，结果解读可以获取更多信息。

关键词：知识结构；识别；高维稀疏；聚类；共词分析；数据挖掘

DOI:10.3969/j.issn.1008-0821.2019.12.009

[中图分类号] G201　[文献标识码] A　[文章编号] 1008-0821（2019）12-0072-09

图 7-24　中图分类号和文献标识码示例

7.9.1　分类号

在"2.2.5 信息检索语言"部分已经详细介绍了分类号的含义。分类法，就是按一定思想观点，依学科的上下级关系组成一个分类体系。在这个体系中，各学科以符号表示。确定学术论文分类号的过程，就是利用已有的分类法表，确定该论文内容所属学科专业在分类法中的代表符号。分类表中的学科名称，称为类目名称。

目前期刊要求作者提供的"分类号"指"中图分类号"，可通过《中国图书馆图书分类法》(简称《中图法》,包括 5 大部类、22 个大类)查阅,也可以通过借鉴类似论文的分类号,或者通过网络(例如 http://www.ztflh.com)查询确定所写论文的中图分类号。

7.9.2　文献标识码

有的期刊还会要求在分类号的后面提供文献标识码。文献标识码,是用来表明文章所属性质的分类码,是按照《中国学术期刊(光盘版)检索与评价数据规范》规定的分类码。

文献标识码的作用就是对文章按其内容进行归类,以便于文献的统计、期刊评价、确定文献的检索范围、提高检索结果的适用性等。

每一篇学术论文都有其相应的文献价值,按其价值意义的差别可归属不同性质的文献类型,用英文大写字母 A、B、C、D、E 作为标识码。A 表示理论与应用研究学术论文(包括综述报告);B 表示实用性成果报告(科学技术)、理论学习与社会实践总结(科技);C 表示业务指导与技术管理的文章(包括特约评论);D 表示一般性通讯、报道、专访等;E 表示文件、资料、人物、书刊、知识介绍等。

【动手做一做】

DOI,digital object identifier,是指数字对象(唯一)标识符。请查看下载文章的 DOI。

◆ 7.10　如何撰写致谢和附录

7.10.1　致谢

致谢,是对本研究有贡献但又不足以列入作者的那些对象的感谢文字,不是必需的。

现代科学技术研究往往不是一个人能单独完成的,而需要他人的合作与帮助。因此,当研究成果以论文形式发表时,作者应当对他人的劳动给予充分肯定,并对他们表示感谢。

致谢的对象包括,凡对本研究直接提供过资金、设备、人力以及文献资料等支持和帮助的团体和个人。

"致谢"段,置于结论之后、参考文献列表之前,可以列出标题并贯以序号。

7.10.2　附录

附录,是论文主体的补充项目,对于一篇学术论文而言并不是必需部分。

附录大致包括以下材料。

(1) 比正文更为详尽的理论根据、研究方法和技术要点,可以是参考文献题录、对了解正文内容有用的补充信息等。

（2）由于篇幅过长或取材于复制品而不宜写入正文的资料。

（3）不便于写入正文的罕见、珍贵的资料。

（4）一般读者并非必要阅读，但对本专业同行很有参考价值的资料。

（5）某些重要的原始数据、数学推导、计算程序、框图、结构图、统计表、计算机打印输出件等。

附录一般置于参考文献表之后，以"附录 A""附录 B""附录 C"编号。

附录中的插图、表格、公式、参考文献等的序号与正文中的分开，另行编制，如编为"图 A1""图 B3""表 B2""表 C3""式（A1）""式（C2）""文献[A1]""文献[B2]"等。

◇ 7.11　扩 展 阅 读

目前国内期刊论文投稿，一般是三审制，流程包括如下环节。

（1）作者进行投稿。现在大部分期刊采用网上稿件处理系统，作者提供注册邮箱、单位等个人信息后，按照期刊模板、系统需要的文件进行准备，提交稿件后，系统里该稿件状态会变为"新稿件"，但暂时没有稿件号。

（2）稿件到达编辑部后，由编辑部的编辑给予一个稿件号，作者会收到提示编辑部收稿的邮件，此时编辑部会进行初审，系统里该稿件状态会变为"初审"。如果符合期刊选题范围并且稿件质量达标，会进入下一环节，否则作者会收到退稿通知，系统里该稿件状态会变为"退稿"。

（3）初审通过后，稿件交由责任编辑送外审。寻找审稿人的过程可能会有很大差异。当找到合适的审稿人后，就开始了外审流程，系统里该稿件状态会变为"外审"。不同期刊的外审流程略有不同，有的期刊是"串审"，即一位外审专家审稿通过后，再送第二位外审专家；而有的期刊是同时送两位或更多外审专家同时进行外审，以免有的专家没有回复耽误审稿进度。

（4）待外审意见都返回后，编辑部进行复审（三审），系统里该稿件状态会变为"复审"。责任编辑根据外审意见进行判断，给出"退稿""退改（退修）"或"录用"决定，系统里该稿件变为对应状态，作者会收到通知邮件。如果是"退改"决定，继续进行下一环节。

（5）作者在限定时间、按照要求准备退修稿件和稿件说明后，再提交至系统，系统里该稿件状态会变为"已返回修改稿（一次）"类似字样。

（6）编辑部对修改稿情况进行评判。根据修改稿的情况，选择送外审或者直接给出意见。如果修改后的稿件合格，进入下一环节。

（7）责任编辑认为合格的稿件，进入"终审"环节，一般由编辑部主编给出最终录用意见。如果录用后，系统里该稿件变为"录用"状态，作者会收到录用通知邮件，并签订"论文版权转让协议"等。需要指出的是，并不是所有进入了终审的论文都会被录用，进入终审的论文仍然存在被拒稿的可能。

（8）被录用的稿件，等待编辑部排期，系统里该稿件状态会变为"等待排期"。

（9）排期完成后的稿件，编辑部会予以校对，并发给作者进行核对。核对无误后，等待刊出。

（10）稿件正式刊出，系统里该稿件状态会变为"已刊"。

不同期刊的流程，稿件状态表述会略有不同，审稿制度也略有不同。例如，有的期刊采用双盲审，即作者和审稿人都不能看到对方信息；而有的期刊采用单盲审，即审稿人能够看到作者信息。

◆ 7.12　小　　结

针对一篇学术论文写作的所有构成部分，至此已经全部介绍完成。学术论文在文体结构和写作范式方面表现出来有别于其他文体的个性化特征——规范，比如摘要、引言、结论、参考文献，因此学术论文的规范性训练是本书的重点。本章讲述了一些固定的表述语言，需要在日常学术论文写作中不断练习并逐步加深印象。

◆ 7.13　练　习　题

请按照本书介绍的格式要求，撰写一篇科技类的综述型论文，并按时提交。

第 8 章

文字处理软件在论文写作中的应用

学术论文写作是落在笔头的一项工作,离不开文字处理软件。随着论文越写越长,可能有时反而忘记了论文的结构。论文中的图、表和参考文献需要进行编号,有时投稿还要求进行双栏排版等。本章将以 Microsoft Office Word 365 为例,讲解 Word 在论文写作中的使用,尤其是利用 Word 如何进行长文档的有效管理。

◇ 8.1 学习目标

1. 掌握在导航窗格显示论文大纲和标题级别的方法
2. 了解论文中如何利用题注管理图和表的方法
3. 掌握参考文献的自动编号和标注方法
4. 了解采用双栏排版论文时出现问题的解决方法
5. 了解毕业论文排版出现问题的解决方法

◇ 8.2 样式和多级列表的使用

针对学术论文撰写,知道论文的文档结构是十分重要的,要做到这一点可以利用 Word 的样式功能。此外,多级编号的自动管理也是基本需求,可以利用 Word 的多级列表功能。并且,样式和多级列表的配合使用,可以更方便地管理文档。

8.2.1 样式

想要查看文档的结构,要将"视图"选项卡的"显示"组的"导航窗格"命令勾选上,在编辑区左侧的"导航"栏就会出现文档中的各级标题文字,标题文字按照其所在级别进行逐级缩进(图 8-1)。例如,在图 8-1 中,"序"和"第 1 章 学术论文写作绪论""第 2 章 如何查找资料"这几行文字采用了"标题 1"样式进行显示,"第 1 章 学术论文写作绪论"之下缩进的"1.1 学习目标""1.2 学术论文的内涵和基本特征""1.3 为什么要写学术论文""1.4 学术论文的基本类型""1.5 学术论文的基本结构""1.6 扩展阅读""1.7 小结""1.8 练习题"这几行文字采用了"标题 2"样式进行显示,"1.2 学术论文的内涵和基本特征"之下缩进的"1.2.1 学术论文的内涵""1.2.2 学术论文的基本特征"这两行文字采用了"标题 3"样式进行显示。

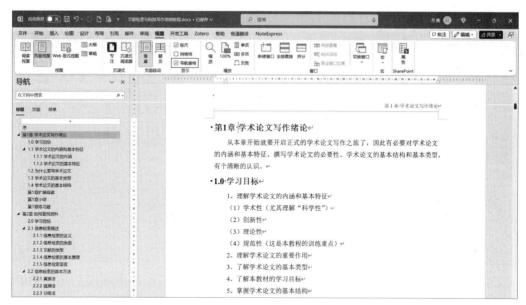

图 8-1　"导航窗格"命令

但是,当新建一个 Word 文档后,输入的文字默认都是采用"开始"选项卡的"样式"组中的"正文"样式显示。而样式为"正文"的文字并不会出现在"导航"栏的"标题"页,只有为文档里起到特殊作用的文字赋予某种标题样式后,这些文字才会在左侧"导航"栏的"标题"页中出现。

查看某段文字样式的方法:将光标放在该段文字的任意位置,会在"开始"选项卡的"样式"组中显示该段落采用的是哪种样式。例如,图 8-2 中,将光标放在"从本章开始……"这一段落的末尾,"正文"样式被勾选;而图 8-3 中,将光标放在"第 1 章 学术论文写作绪论"中的"续"字后面,"标题 1"样式被勾选(此处因为"标题 1"样式被修改过,所以

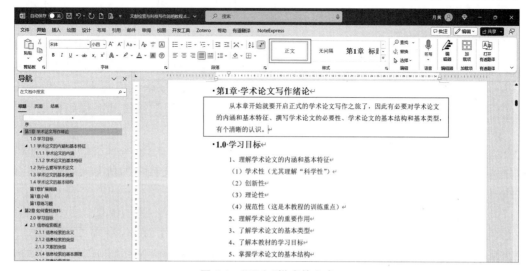

图 8-2　"正文"样式的文字

体现的是修改后的名称，但是停留在上面两秒之后，其下方有个提示文字"标题1"标明了样式就是"标题1"，后续会讲解为什么这么设置）。

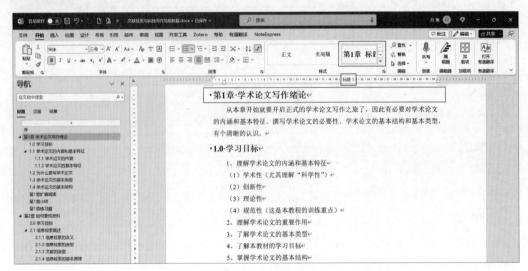

图 8-3　"标题 1"样式的文字

可见，采用了样式，文档中的文字级别就区分开了。

8.2.2　多级列表

科技类论文常用的"章、节、小节"标号系统采用"1/1.1/1.1.1"，体现了一种层级所属关系。以图 8-4 为例，其中"1 引言"代表"引言"二字是文档的第 1 章、应该采用"标题 1"显示，"2.2 ……"代表其后面的文字是文档第 2 章的第 2 节、应该采用"标题 2"显示，"2.2.1 ……"代表其后面的文字是文档第 2 章的第 2 节的第 1 节，应该采用"标题 3"显示。

图 8-4　科技类论文常用的标号系统

要实现标题文字的多级别自动编号，并且能够按标题级别显示在"导航"栏中，就需要样式和多级列表的配合使用。这一效果的实现方式不唯一，经实践，采用创建新多级列表时将其链接到标题样式是一种较为省事的方式。

下面以"Word 练习文档.docx"为例进行讲解，目标是实现标题的自动编号和样式管理。初始状态下，这个文档中的所有文字都是正文（图 8-5）。

1. 给定文档的标号系统要求是"第 1 章/第 2 章/2.1/2.2……第 4 章/4.1/4.2/4.2.1/4.2.2……"这样的格式。然后查看当前文档已有的多级列表，即在"开始"选项卡下"段落"组的"多级列表"，发现是"无"，即当前文档并没有采用任何多级列表（图 8-6），而且可以看到需要的标号系统也不在当前文档已有的多级列表样式里，需要选择"定义新的多级列表"。

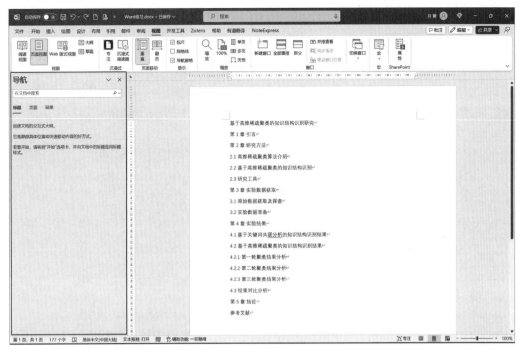

图 8-5　Word 练习文档的初始状态

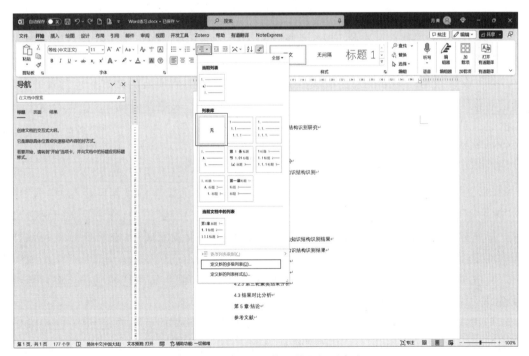

图 8-6　查看当前文档里的多级列表库

2. 在打开的"定义新多级列表"对话框中,每一个级别都至少进行如下三步操作,以级别 1 为例(图 8-7)。

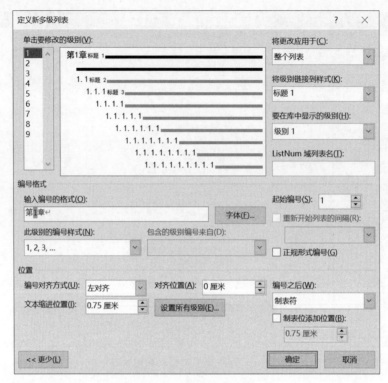

图 8-7 定义新多级列表

（1）在"单击要修改的级别"选中要修改的级别。在下方选择"1"，表示针对第 1 级别进行设置。

（2）设置级别的编号格式。在"输入编号的格式"下方，将原有的带有灰色背景的"1"的前后分别键入"第"和"章"字，即修改为"第 1 章"。此处，灰色背景的"1"意味着这个级别的编号是由 1 开始进行自动编号的，而不是灰色背景的"第"和"章"意味着这两个字是固定输出的文字，因此会形成"第 1 章""第 2 章""第 3 章"……这样的自动编号。

（3）设置级别链接到的样式。打开"定义新多级列表"左下角的"更少"，然后在右侧"将级别链接到样式"下方列表中选择"标题 1"，即表明当前设置的级别已经与"样式"中的"标题 1"链接了起来，因此当前级别及其文字会显示在"导航"栏中，作为第 1 级标题出现。如果标题的样式需要修改，就右击需要修改的样式，设置完成后，会将所有使用该样式的地方一次性修改完成。

3. 完成了需要的多级列表设置后，"定义新多级列表"中上部预览的地方会将目标编号格式及其链接的标题级别显示出来（图 8-7）。

4. 再次查看当前文档的"多级列表"，会发现在其"当前文档中的列表"下方已经采用了刚才新创建的"第 1 章/1.1/1.1.1"多级列表格式（图 8-8）。

5. 根据给定文档的文字提示，将对应文字设置为指定样式。例如，"4.2.3 第三轮聚类结果分析"中，根据其"4.2.3"可知这行文字是属于三级标题，因此光标放在这行任意位置后，单击"开始"选项卡的"样式"组中显示出的"1.1.1 标题"（图 8-9）。

图 8-8　采用了定义好的新多级列表格式

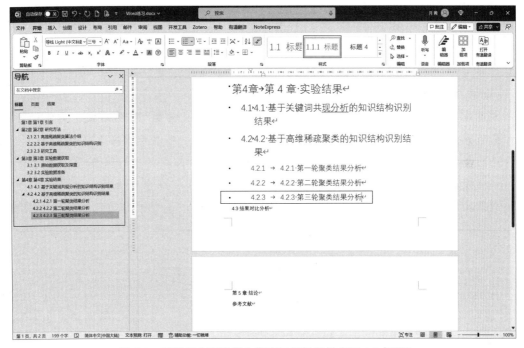

图 8-9　将某行文字设置为指定三级标题样式"1.1.1 标题"

6. 将文档结构设置完成,其中"参考文献"设置为标题 1 样式,但不需要设定编号。确定所有标题及编号设置正确后,将所有提示文字去掉(图 8-10)。

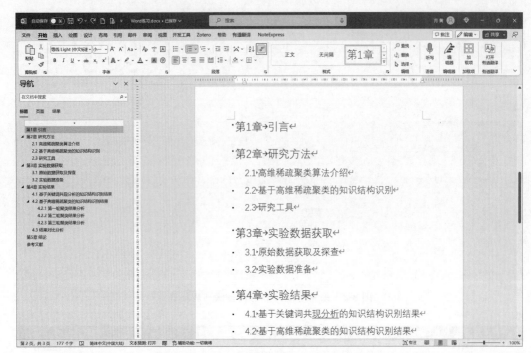

图 8-10　设置完成链接样式的多级列表文档

【动手做一做】

　　细心的读者可能发现了，在"第 1 章　引言"这行中能看到"第 1 章"之后有个向右的箭头符号(其实是一个"制表符")，这样的编辑符号能够显示出来是因为"开始"选项卡的"段落"组右上角的"显示/隐藏编辑标记"命令处于选中的状态(图 8-10)。编辑标记对于长文档的管理十分有用，可以帮助确定文档的分节符等设置是否正确。

◈ 8.3　图和表的使用

　　在学术论文中，经常需要使用图和表来介绍数据集、展示实验结果、给出研究框架等。对于学术论文尤其是学位论文这样的长文档，图和表的编号管理也应当是自动的。图和表的使用方式是类似的，下面先以图为例进行说明。

　　下面以向《基于高维稀疏聚类的知识结构识别研究》一文[4]添加图片为例进行讲解。

1. 插入图

　　在文档需要插入图的位置，通过"插入"选项卡的"插图"组的"图片"命令插入需要的图片文件，或者通过"形状"命令"新建一个画布"再在其上绘制形状完成图的设计。

2. 插入题注

选中图后,右击,在弹出的列表中选择"插入题注"(图 8-11),在打开的"题注"对话框中,选择需要的标签,输入题注文字,单击"确定"按钮(图 8-12)后就插入了图的题注。插入题注后,在图的左侧出现了一个圆点。选中图的题注所在行,其中的编号部分是深灰色背景,表明是自动编号的(图 8-13)。

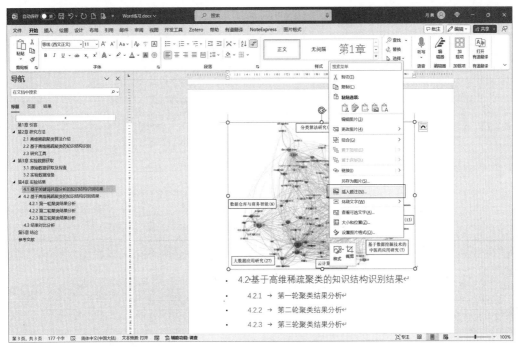

图 8-11 图片的"插入题注"命令

图 8-12 选择需要的题注标签并设置题注文字

(1)如果题注文字没有在创建题注时输入,也可以在单击"确定"按钮后再输入题注文字。

(2)如果需要修改题注文字的字体、段落等格式,就将题注所在行选中,进行设置。例如,通过"开始"选项卡的"段落"组的"居中"命令将其居中或者打开右下角的"段落设

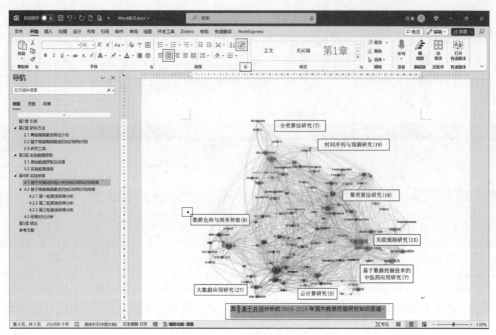

图 8-13　插入了图题注后的样式

置"命令进行其他段落格式设置。此外,选中"显示编辑标记"命令,可以看到"图"和"1"之间出现了一个空格,可以根据需要对其修改(如删除)。

(3) 如果没有需要的标签,就单击"新建标签…"按钮,在打开的"新建标签"窗口输入需要的标签名称(图 8-14)。

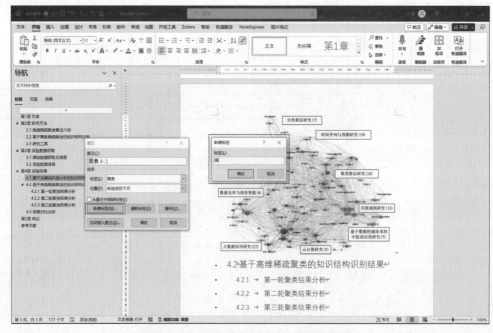

图 8-14　通过"新建标签"命令设置标签"图"

（4）如果需要图的编号包含所在一级标题的编号，就点击"编号…"命令，在打开的"题注编号"窗口勾选"包含章节号"，会自动从"标题 1"获取编号并自动使用分隔符"-（连字符）"（图 8-15）。例如，"图 2-3"表示第 2 章的第 3 个图。

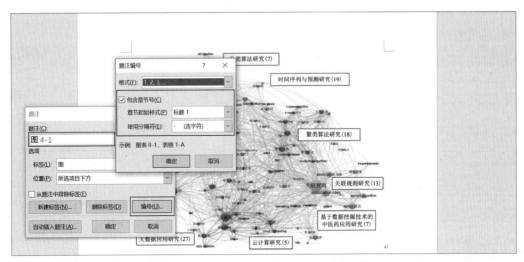

图 8-15　通过"编号"勾选题注编号"包含章节号"

3. 在文中为图插入交叉引用

（1）将光标放在文中需要插入题注的位置，再选择"插入"选项卡的"链接"组的"交叉引用"命令（图 8-16）。

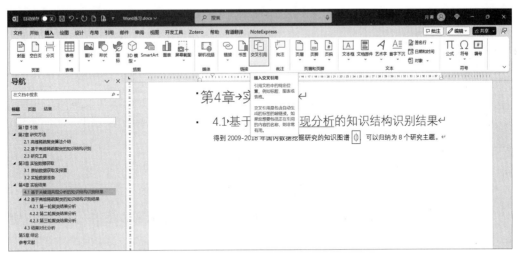

图 8-16　选择"交叉引用"命令

（2）在弹出的"交叉引用"窗口中，选择"引用类型"为"图"，"引用内容"为"仅标签和编号"，在"引用哪一个题注"中选中需要的图，单击"插入"按钮（图 8-17）。

如果在插入图后，图的题注编号发生了变化（如章节编号发生了变化或者图的前面又插入了其他图），只需要在文中和题注行的图的编号位置，右击图号，在弹出的下拉列表中选择"更新域"就可以完成对图题注引用的自动更新（图 8-18）。

图 8-17 "交叉引用"的设置

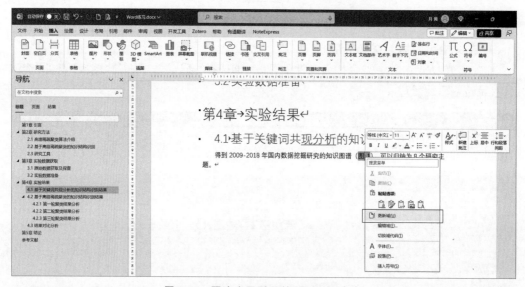

图 8-18 题注交叉引用的"更新域"命令

表的题注插入、修改设置、插入交叉引用方式与图类似,除了表的题注一般要求在"所选项目上方"。读者可以自行练习,不再赘述。

◆ 8.4 参考文献的标号维护

参考文献是学术论文的最后一个必需部分,参考文献的文中标注和文后著录也可以使用 Word 中的交叉引用功能实现参考文献标号的自动编号、引用和更新维护。下面以向《基于高维稀疏聚类的知识结构识别研究》一文[4]"引言"中的文字节选段落添加顺序编码制的参考文献为例进行介绍。

1. 在"参考文献"部分为每一条参考文献著录自动编号(图 8-19),可以通过"开始"选项卡的"段落"组的"编号"命令选择需要的编号格式来实现。如果没有需要的参考文献编号格式,如"[1][2]……"格式,就通过"定义新编号格式"(图 8-20)进一步进行设置,设置原理同定义新的多级列表格式(图 8-7),不再赘述。

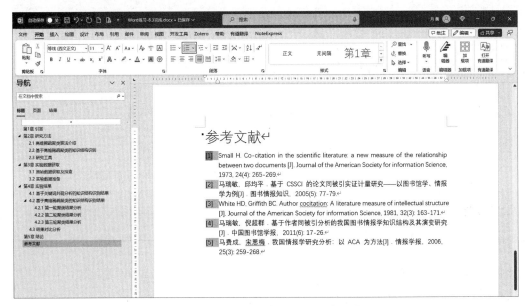

图 8-19　为每一条参考文献自动编号

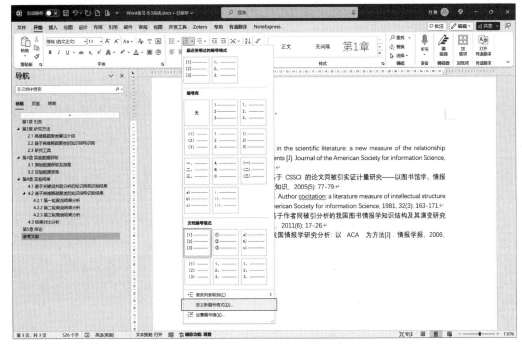

图 8-20　"定义新编号格式"命令

2. 将光标放在需要插入参考文献标注的位置，再选择"插入"选项卡的"链接"组的"交叉引用"命令（同图 8-16）。在弹出的"交叉引用"窗口中，选择"引用类型"为"编号项图"，"引用内容"为"段落编号"，在"引用哪一个题注"中选中需要的参考文献所在行，单击"插入"后，就会在文中出现相应的"[1]"（图 8-21）。

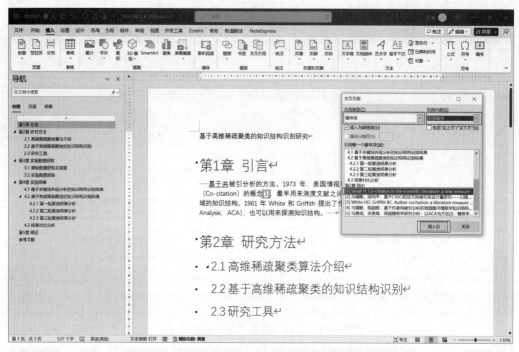

图 8-21　通过"交叉引用"在文中插入参考文献的标号

①如果需要对"[1]"进行上标设置，就将"[1]"选中后，应用"开始"选项卡的"字体"组的"上标"命令。

②如果参考文献的标号在"参考文献"著录中发生了变动，就选中需要更新的参考文献标号，右击，在弹出的下拉列表中选择"更新域"，即可完成文中参考文献标号的自动更新了。

◆ 8.5　双栏排版的常见设置

在向某些会议或者期刊投稿时，需要按双栏布局准备稿件。下面以双栏布局下插入一个单栏布局的图为例进行讲解。

1. 将默认的单栏布局修改为双栏布局。全选文档所有文字（按 Ctrl＋A 组合键），选择"布局"选项卡的"页面设置"组的"栏"下的"两栏"命令（图 8-22），文档变为两栏布局后，较大的图片被遮挡、无法全部显示（图 8-23）。

2. 启用"开始"选项卡的"段落"组的"显示编辑标记"命令，将光标放在图片之前段落的末尾处，再选择"布局"选项卡的"页面设置"组的"分隔符"下的"连续"分节符命令

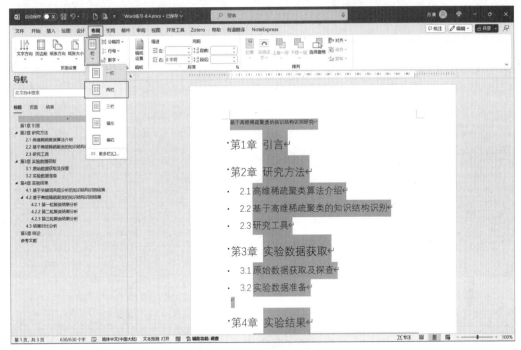

图 8-22 页面设置"两栏"命令

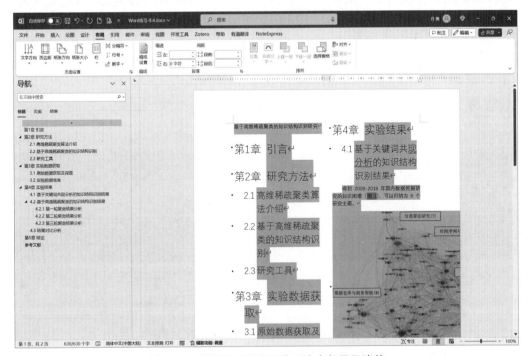

图 8-23 双栏布局下的图片无法全部显示清楚

（图 8-24），就会在这个段落的末尾处出现一个"分节符（连续）"。然后，在图片之后段落的段首处也插入一个"连续"分节符命令，同样也会出现一个"分节符（连续）"（图 8-25）。

图 8-24 "连续"分节符命令

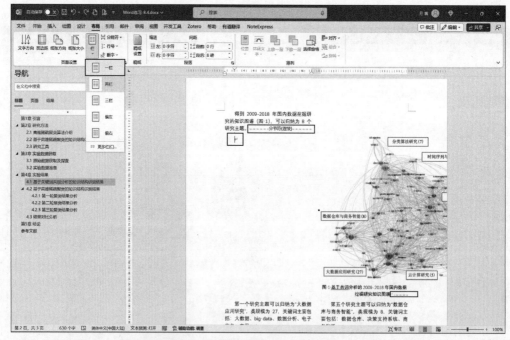

图 8-25 修改图片所在节的页面设置为"一栏"

3. 修改图片所在节的页眉设置为单栏布局。将光标移动到图片所在节的任意位置，选择"布局"选项卡的"页面设置"组的"栏"下的"一栏"命令(图 8-25)，从而实现在一个文档中不同栏的页面设置(图 8-26)。

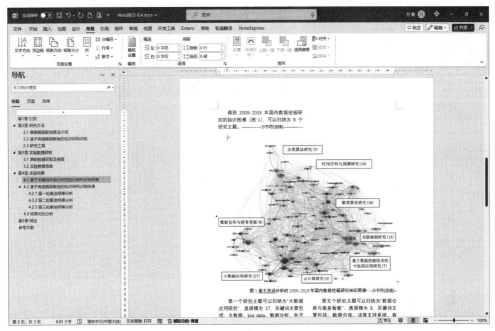

图 8-26　利用分节符实现不同栏的页面设置

【动手做一做】

　　"分节符"在长文档管理中具有非常重要的作用,利用"节"能够对同一个文档的不同部分实现不同的页面设置。常见的页面设置包括:页边距、页码格式、纸张方向、分栏等,请你动手试一试。

◆ 8.6　毕业论文排版的常见设置

　　相较于期刊论文,毕业论文的文字量更多。一般会要求图和表的编号带有章节号(图 8-15),因此标题目录、图目录、表目录要能自动更新。下面以创建和更新标题目录为例,进行介绍。

　　1. 在需要插入自动目录的文档中,设置具体的标题样式。

　　2. 将光标放在应当插入标题目录的位置,选择"引用"选项卡的"目录"组的"目录"下的"自动目录 1"(图 8-27),就会创建一个带有跳转链接的目录。

　　3. 当标题文字或者页码发生了变更,将鼠标放在目录左上角,单击出现的"更新目录"命令(图 8-28),根据情况选择"只更新页码"或"更新整个目录"命令完成标题目录的更新。

　　对于图目录和表目录,对应命令在"引用"选项卡的"题注"组的"插入表目录"中,其生成原理与标题目录一样,读者可以自行尝试,不再赘述。

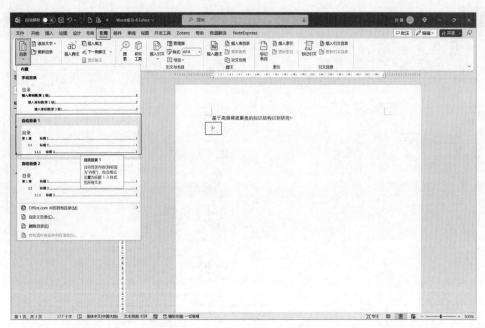

图 8-27 "自动目录 1"命令

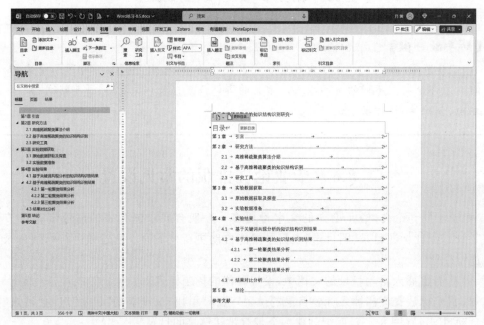

图 8-28 "更新目录"命令

◆ 8.7 扩展阅读

"域"是 Word 中最具特色的工具之一,它引导 Word 在文档中自动插入文字、图形、页码、目录、索引、交叉引用、自动计算或其他信息的一组代码。在文档中使用域可以实现数据的自动更新和文档自动化。

1.“域”的概念

域是 Word 中的一种特殊命令,它分为域代码和域结果。

域代码,是由域特征字符、域类型、域指令和开关组成的字符串。

域结果,是域代码所代表的信息,域结果根据文档的变化或相应因素的变化而自动更新。

2.常用域

在 Word 365 中,域分为编号、等式和公式、链接和引用、日期和时间、索引和目录、文档信息、文档自动化、用户信息和邮件合并 9 种类型共 77 个域。单击“插入”选项卡的“文本”组的“文档部件”下的“域”命令(图 8-29),在弹出的“域”窗口中,进一步选择需要的域名、设置域属性和域选项等。

图 8-29 Word 中的“域”命令

常见的域有:AutoNum 域用来插入自动编号;Page 域用来插入当前页码;SectionPages 域用来插入本节的总页数;StyleRef 域用来插入具有类似样式的段落中的文本(例如,在页眉中插入当前页的标题 1 文字,见图 8-30)。

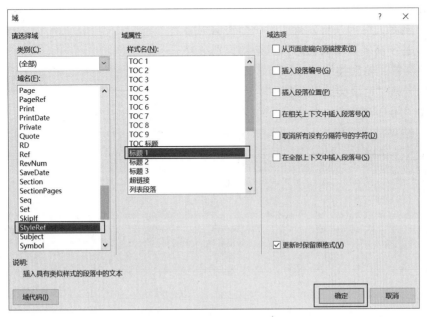

图 8-30 设置“StyleRef”域

◆ 8.8 小　结

学术论文写作的重要落脚点在文字处理软件中,小到文字字体设置、段落设置,大到参考文献自动标号、文档分节管理,都离不开一定的处理技巧。因此要熟悉本章讲述的学术论文写作中文字处理的常用技巧,使得学术论文写作的效率事半功倍。

◆ 8.9 练 习 题

针对如下文字,根据其文字和多级列表提示,使用链接到标题级别的多级列表,完成如下文档结构设置。体会利用 Word 和文献管理软件进行参考文献标号和著录管理的区别。

素材:

基于高维稀疏聚类的知识结构识别研究

第 1 章　引言

第 2 章　研究方法

2.1　高维稀疏聚类算法介绍

2.2　基于高维稀疏聚类的知识结构识别

2.3　研究工具

第 3 章　实验数据获取

3.1　原始数据获取及探查

3.2　实验数据准备

第 4 章　实验结果

4.1　基于关键词共现分析的知识结构识别结果

4.2　基于高维稀疏聚类的知识结构识别结果

4.2.1　第一轮聚类结果分析

4.2.2　第二轮聚类结果分析

4.2.3　第三轮聚类结果分析

4.3　结果对比分析

第 5 章　结论

参考文献

参 考 文 献

[1] 国家标准全文公开系统. 标准号：GB/T 7713—1987 [EB/OL]. [2023-11-09]. https://openstd. samr.gov.cn/bzgk/gb/newGbInfo? hcno=823B8654959A5225AAEC439933BC2D20.

[2] 李正元. 学术论文写作概论[M]. 武汉：中国地质大学出版社，2010.

[3] 常相忆. 学术论文写作谈[J]. 常州信息职业技术学院学报，2002，1(1)：8-12.

[4] 黄月，王鑫. 基于高维稀疏聚类的知识结构识别研究[J]. 现代情报，2019，39(12)：72-80.

[5] 刘淑华. 教育分权内涵再探[J]. 高等教育研究，2008，29(11)：14-18.

[6] 王智宁，吴应宇，叶新凤. 智力资本与企业可持续成长关系的实证分析——基于中国信息技术业上市公司的证据[J]. 软科学，2008，22(12)：50-54.

[7] 戴建平，黄颖. 必要的张力：在科学与人文之间——"后现代科学观与科学大战"学术研讨会综述[J]. 自然辩证法通讯，2004，26(6)：105-106，112.

[8] 孙吉贵，刘杰，赵连宇. 聚类算法研究[J]. 软件学报，2008，19(1)：48-61.

[9] 吴怀友. 关于科学发展观的科学性问题研究述评[J]. 探索，2009(1)：9-13.

[10] 贺玲，蔡益朝，杨征. 高维数据聚类方法综述[J]. 计算机应用研究，2010，27(1)：23-26，31.

[11] 李醒民. 知识的三大部类：自然科学、社会科学和人文学科[J]. 学术界，2012，27(8)：5-33，286.

[12] 中国知网. 学术期刊库[EB/OL]. [2023-11-09]. https://kns.cnki.net/kns8s/?classid=YSTT4HG0.

[13] 中国知网. 中国知网首页[EB/OL]. [2023-08-11]. https://www.cnki.net/.

[14] 中国知网. 中国知网资源服务[EB/OL]. [2023-08-11]. https://kns.cnki.net/kns8.

[15] 中国知网. 全球学术快报 2.0 使用手册[EB/OL]. [2023-08-11]. https://piccache.cnki.net/2022/kdn/index/helper/manual.html.

[16] 国家自然科学基金委员会. 2023 年度国家自然科学基金项目指南[EB/OL]. [2023-11-24]. https://www.nsfc.gov.cn/publish/portal0/tab1398/.

[17] 全国哲学社会科学工作办公室. 通知公告[EB/OL]. [2023-11-24]. http://www.nopss.gov.cn/GB/219469/index.html.

[18] 中国高校人文社会科学信息网. 通知公告[EB/OL]. [2023-11-24]. https://www.sinoss.net/gl/xmgl/tzgg/.

[19] 黄月，任立清. 高校图书馆参与自主 MOOC 平台资源建设研究[J]. 数字图书馆论坛，2015，11(12)：56-61.

[20] 北京语言大学图书馆. NoteExpress 文献管理软件[EB/OL]. [2023-11-26]. https://wisdom.chaoxing. com/newwisdom/doordatabase/databasedetail.html?wfwfid=988&pageId=127064&id=11372.

[21] 知乎. 四款主流文献管理软件，总有一款适合你[EB/OL]. [2023-11-26]. https://zhuanlan.zhihu. com/p/627685781?utm_id=0.

[22] 黄月. 面向科研服务的多层次作者分析模型及实证研究[J]. 图书情报工作，2018，62(9)：112-122.

[23] 国家标准全文公开系统. 标准号：GB/T 7714—2015 [EB/OL]. [2023-11-09]. https://openstd. samr.gov.cn/bzgk/gb/newGbInfo?hcno=7FA63E9BBA56E60471AEDAEBDE44B14C.

北京语言大学本科生毕业论文开题报告

北京语言大学
本科生毕业论文开题报告

姓名	学　号	院　系	专　业	国　籍

论文题目
指导教师
选题意义
论文撰写提纲
可利用的参考资料
备注（困难、问题、要求等）

北京语言大学本科生毕业论文
开题报告记录表

北京语言大学
本科生毕业论文开题报告记录表

论文题目：

学生姓名	学　号	所在学院	专　业	国籍（留学生）

开题时间		开题地点		指导教师	

开题记录	

开题组成员	成员姓名	职称	学历	专业研究领域	所在单位	签　名

开题小组意见：

日期：　　年　月　日

组长签字：